2me SÉRIE

DU

MAGASIN THÉATRAL

PIÈCES NOUVELLES

JOUÉES SUR TOUS LES THÉATRES DE PARIS.

THÉATRE DES FOLIES-DRAMATIQUES.

BLANCHE ET BLANCHETTE,

Drame-Vaudeville en 5 actes, par M. V. DE SAINT-HILAIRE.

Prix : 50 centimes.

PARIS.

MARCHANT, ÉDITEUR,

Boulevart Saint-Martin, 12.

1re SÉRIE DU MAGASIN THEATRAL
A 25 Centimes.

L'ALCHIMISTE, drame en 5 actes, par Alex. Dumas.
LES AMOURS DUNE ROSE, féerie en 5 actes.
L'APPRENTI, ou l'Art de faire une Maîtresse, vaudeville en 1 acte.
ATAR-GULL, drame en 5 actes.
AUBRAY LE MÉDECIN, drame en 3 actes.
L'AUBERGE DE LA MADONE, drame en 5 actes.
L'AUMONIER DU RÉGIMENT, vaudeville en 1 acte.
L'AMI GRANDET, comédie-vaudeville en 2 actes.
LA BERLINE DE L'ÉMIGRÉ, drame en 5 actes.
LES BRIGANDS DE LA LOIRE, drame en 5 actes
LA BICHE AU BOIS, féerie.
CALIGULA, tragédie en 5 actes, par Alexandre Dumas.
LE CANAL SAINT-MARTIN, drame en 5 actes.
LE CABARET DE LUSTUCRU, vaudeville en un acte.
CHEVAL DE BRONZE, opéra-comique de Scribe.
LA CHAMBRE ARDENTE, drame en 5 actes.
LES CHAUFFEURS, drame en 5 actes.
CHRISTINE A FONTAINEBLEAU, drame, par Frédéric Soulié.
CHRISTOPHE LE SUÉDOIS, drame en 5 actes.
CHATTERTON MOURANT, monologue en 1 acte et en vers.
LES CHEVAUX DU CARROUSEL, drame en cinq actes.
LE CHATEAU DE VERNEUIL, drame en 5 actes.
LE CHATEAU DE SAINT-GERMAIN, drame en 5 actes.
LE CHEF-D'ŒUVRE INCONNU, drame en un act.
LES CHIENS DU MONT SAINT-BERNARD.
CLAUDE STOCQ, en cinq actes.
LA CROIX DE FEU, en 5 actes.
CROMWELL ET CHARLES Ier, drame en 5 actes.
LE COMMIS ET LA GRISETTE, vaudeville en 1 acte.
LES DEMOISELLES DE SAINT-CYR, drame en 5 actes, par Alex. Dumas.
LES DEUX DIVORCES, vaudeville en un acte.
LE DÉSERTEUR, opéra-comique en 3 actes.
LA DEMOISELLE MAJEURE, vaudeville en 1 acte.
DON JUAN DE MARANA, par Alexandre Dumas.
LA DOT DE SUZETTE, drame en 5 actes.
LE DOIGT DE DIEU, drame en un acte.
LA DUCHESSE DE LA VAUBALIÈRE, drame en 5 actes.
DIANE DE CHIVRY, drame, par Frédéric Soulié.
LA DERNIÈRE NUIT D'ANDRÉ CHÉNIER, monologue en un acte.
L'ÉCLAT DE RIRE, drame en 3 actes.
EL GITANO, drame en cinq actes.
LES ENFANTS D'ÉDOUARD, par Casimir Delavigne.
L'ÉLÈVE DE SAINT-CYR, drame en 5 actes.
LES ENFANTS DE TROUPE, vaudeville en 2 actes.
LES ENFANTS TROUVÉS, drame en 3 actes.
L'ÉCOLE DES JEUNES FILLES, drame en 5 actes.
LES ENFANTS DU DÉLIRE, vaudev. en 1 acte.
ESTELLE, comédie, par Scribe.
ÊTRE AIMÉ OU MOURIR, *idem*.
EULALIE GRANGER, drame en 5 actes.
LES ENRAGÉES, vaudeville en 1 acte.
ÉDITH, drame en 4 actes.
EN SIBÉRIE, drame en 3 actes.
LA FAMILLE MORONVAL, drame en 5 actes.
LA FAMILLE DU FUMISTE, vaudeville en 2 actes.
FABIO LE NOVICE, drame en 5 actes.
LE FILS DE LA FOLLE, drame en actes, par Frédéric Soulié.
LA FILLE DE L'AVARE, comédie-vaudeville en 2 actes.
LA FILLE DE L'AIR, féerie en 3 actes et 11 tableaux.
LA FILLE DU RÉGENT, comédie en 5 actes.
LES FILETS DE SAINT-CLOUD, drame en 5 act.
FRANÇOIS JAFFIER, drame en 5 actes.
FRÉTILLON, comédie-vaudeville en 3 actes.
LA FIOLE DE CAGLIOSTRO, vaudeville en 1 acte.
FORTE-SPADA, drame en 5 actes.
LES GANTS JAUNES, vaudeville en 1 acte.
LE GARS, drame en 5 actes.
GASPARD HAUSER, drame en 5 actes.
LA GAZETTE DES TRIBUNAUX, vaudeville en 1 acte.
GENEVIÈVE DE BRABANT, mélodrame en quatre actes.
HALIFAX, comédie en 3 actes, par Alexandre Dumas.
L'HONNEUR DANS LE CRIME, drame en 5 actes.

BLANCHE ET BLANCHETTE

DRAME-VAUDEVILLE EN CINQ ACTES,

PAR M. V. DE SAINT-HILAIRE,

AIRS NOUVEAUX DE M. ORAY,

REPRÉSENTÉ POUR LA PREMIÈRE FOIS, A PARIS, SUR LE THÉATRE DES FOLIES-DRAMATIQUES, LE 22 JANVIER 1850.

PERSONNAGES.	*ACTEURS.*	*PERSONNAGES.*	*ACTEURS.*
BLANCHE DE VINTIMILLE......	Mlles FRÉNEIX.	DURAND, avoué................	MM. AUGUSTE.
LA MARQUISE, sa mère.........	BERGEON.	ANDRÉ, garçon de moulin......	DESQUELS.
LE COMTE AVITTI, général.....	MM. GASTON.	JOSEPH, vieux domestique de la famille Vintimille............	DESQUELS.
GASTON, son neveu.............	H. REY.	UN CHASSEUR DU COMTE......	LEMONNIER.
GERMAINE RIMBERT, fermière...	Mme MÉRAUX.	UN GROOM DE BRAQUET......	SAUNIER.
JULIEN, son neveu.............	M. A. DIDIER.	UN VIEUX DOMESTIQUE DE BRAQUET......................	LEMONNIER.
BLANCHETTE RIMBERT, sa nièce.	Mlle D. MAYER.	UN JOAILLIER, PAYSANS, PAYSANNES.	
ATHANASE BRAQUET, petit débitant de campagne, puis banquier, baron......................	M. SERRES.		

La scène se passe à Paris et aux environs, sous l'empire et la restauration.

NOTA — Toutes les indications de droite et de gauche doivent s'entendre relativement aux acteurs, faisant face au public.

S'adresser pour la Musique, à M. Oray, chef d'orchestre des Folies-Dramatiques.

ACTE PREMIER.

Le théâtre représente l'intérieur du moulin de Vintimille. Au fond, d'un côté, l'entrée de l'usine; de l'autre, grande porte vitrée donnant sur la campagne. A droite de l'acteur, au 2me plan, grande cheminée de campagne. A gauche, des portes communiquant au reste de l'habitation.

SCÈNE PREMIÈRE.

GERMAINE, JULIEN, BLANCHETTE, BRAQUET, ANDRÉ, PAYSANS *et* PAYSANNES. (*Au lever du rideau, Julien écoute à la porte de Germaine, fait signe qu'elle est éveillée, et donne ainsi le signal pour commencer le chœur.*)

CHOEUR GENERAL.

AIR *nouveau.*

Selon nos vœux, la Providence
Conserv' Germaine à notre amour!
Elle est sauvée, et l'espérance
Ramèn' la joie en ce séjour!

TOUS. Vive Germaine!

GERMAINE, *en entrant.* Qu'est-ce donc? Pourquoi tout ce monde et tout ce bruit?

JULIEN, *lui offrant son bouquet.* Ma bonne mère! (*Il l'embrasse.*)

GERMAINE. Ah! c'est vrai, c'est ma fête... Merci, mon enfant, merci... (*Bas.*) Mais qu'as-tu donc?..... On dirait que tu as pleuré?

JULIEN, *de même.* Non, ma mère, non,

ce n'est rien... Le bonheur de vous voir sauvée, et si bien rémise pour votre fête!...

GERMAINE. Oh! il y a autre chose... Tu me diras ça.

JULIEN. Plus tard, ma mère, plus tard.

BLANCHETTE, *à Braquet, qui veut passer.* Un instant, cousin, un instant; après Julien, c'est moi qui suis la plus proche parente, et je n' veux pas vous céder mon tour. V'là mon bouquet, ma tante, avec deux bons gros baisers, si vous voulez l' permettre... J' vous aurais ben dit un compliment, mais j'ai réfléchi que M. Athanase Braquet en avait sans doute préparé un...

BRAQUET. Certainement que j'en ai préparé un, et soigné encore!

BLANCHETTE. J'en étais sûre. L' fait est qu'en sa qualité d'épicier d' l'endroit et de caporal de la garde nationale, il doit être aussi bien assorti en éloquence qu'en castonade. Je n' serais pas étonnée de l' voir un jour député d' la Brie.

BRAQUET. Vous allez encore recommencer... Faites-la donc finir, dame Germaine.

GERMAINE. Blanchette!...

BLANCHETTE. C'est dit, je m' tais. Allons, à vous, monsieur l'orateur... Tâchez que ça soit beau, et pas long surtout.

BRAQUET, *offrant son bouquet.* Dame Germaine, ce beau jour...

GERMAINE, *prenant le bouquet.* Pardon, cousin... Nous avons encore beaucoup à faire pour la réception de madame la marquise de Vintimille et de ma bonne petite Blanche, sa fille, qui viennent aujourd'hui dîner au moulin, comme les autres années. Faut dresser la table dans le verger, disposer la grange pour la danse... d'autres choses encore... Donnez-moi donc tout bonnement vot' bouquet, j'aime autant ça.

BLANCHETTE. Et nous donc!

BRAQUET. Plaît-il?

BLANCHETTE. On vous dit de donner vot' bouquet.

TOUS, *tendant leurs bouquets.* Vive Germaine!

GERMAINE. Merci, mes amis, merci... Portez toutes ces fleurs dans le verger; vous irez ensuite au-devant de madame la marquise.

BLANCHETTE. Oui, ma tante. (*A part.*) Quoi donc qu'ils ont tous deux? (*Haut.*) Est-ce que Julien ne vient pas avec nous?

GERMAINE. Non, il faut qu'il reste ici... pour terminer des comptes.

BLANCHETTE. Des comptes... un jour de fête... c'est différent... (*A part.*) Ben sûr, ils ont queuque chose..... Oh! je l' saurai. (*Haut.*) Allons, donnez-moi l' bras, vous, puisque Julien n' peut pas venir.

BRAQUET. Bien obligé d' la préférence.

BLANCHETTE, *lui prenant le bras.* J' vous conseille de vous plaindre.

CHOEUR.

Même air.

Selon nos vœux, la Providence, etc.

Sortie générale par le fond.

SCÈNE II.

GERMAINE, JULIEN.

GERMAINE. Eh bien, mon pauvre garçon, les voilà tous partis, tu peux parler maintenant.. Voyons, Julien, dis-moi bien vite ce que tu as sur le cœur.

JULIEN. Ce qui m'afflige par-dessus tout, ma mère, c'est le chagrin que je vais vous causer.

GERMAINE. Toi, m' causer du chagrin, est-c' que c'est possible?

AIR: *Dis-moi, t'en souviens-tu?*

Toi, mon enfant, ma plus chère espérance,
Toi mon orgueil, mon soutien, mon bonheur,
Toi me causer jamais une souffrance...
Ah! ne fais pas cette injure à ton cœur!
Que me faut-il pour charmer ma vieillesse?
Te voir, t'aimer, te presser dans mes bras!
Reste-moi donc, garde-moi ta tendresse,
Et le chagrin ici n'entrera pas.

JULIEN. Ma mère!... Depuis trois jours déjà j'aurais dû vous annoncer cette triste nouvelle. Mais au moment où j'allais m'expliquer, vous me parliez, comme vous venez de le faire, du bonheur de me garder toujours auprès de vous... Vous me regardiez, comme en ce moment... et je m'arrêtais... Aujourd'hui cependant, il n'y a plus à hésiter... Armez-vous de courage, ma mère.

GERMAINE. Qu'y a-t-il donc, mon Dieu?

JULIEN. Il faut...

GERMAINE. Il faut...

JULIEN. Que... je vous quitte.

GERMAINE. Me quitter!

JULIEN. Dans quelques heures.

GERMAINE. Toi, partir? Et pourquoi?... Est-ce que ton remplaçant a déserté? Eh bien! on en achètera un autre. Nous avons encore un morceau de terre à nous, on le vendra... Et si cela ne suffit pas, je m'adresserai à ma petite Blanche, et je suis bien sûre...

JULIEN. Mademoiselle Blanche... Ne lui parlez pas de moi, c'est inutile... Elle m'aura bientôt oublié sans doute... Il n'y a que vous ici qui ne m'oublierez pas, car il n'y a que vous qui m'aimez!

GERMAINE. Tu es injuste, mon ami... La famille Vintimille, le marquis...

JULIEN. Le marquis... Oui, il a été bon pour moi, trop bon, car c'est peut-être à sa bonté même que je devrai le malheur de toute ma vie!

GERMAINE. Que veux-tu dire?

JULIEN. Vous allez me comprendre. Quand le marquis vous a dit : Germaine, envoyez votre fils au château; je veux qu'il partage les leçons du mien : les deux écoliers se donneront mutuellement de l'émulation, et leurs progrès en seront plus rapides; vous avez accueilli cette proposition avec reconnaissance. Mon enfant sera donc aussi un savant, disiez-vous; et vous étiez bien joyeuse, n'est-ce pas?

GERMAINE. Eh bien! avais-je tort d'être joyeuse? N'as-tu pas bientôt surpassé ton camarade lui-même?

JULIEN. Mon camarade!... Le fils d'un marquis, d'un homme opulent, mon camarade!... Voilà précisément de ces idées qu'enfant j'ai pu avoir, et qui par suite ont pu m'en donner d'autres plus folles encore!.. Ah! si je pouvais me distinguer, faire fortune, gagner des grades!... alors peut-être...

GERMAINE. C'est donc l'ambition qui va nous séparer? Notre vie modeste et tranquille ne te suffit plus!

JULIEN. Soyez juste, ma mère; cette instruction, ces talents que vous vous êtes réjouie de me voir, que voulez-vous que j'en fasse ici?... Ce n'est pas que je craigne ou que je méprise les travaux du moulin et de la ferme; vous me voyez chaque jour m'y livrer avec ardeur; mais au milieu de ces travaux qui n'occupent que mes bras, mille pensées se croisent sans cesse dans mon esprit... Des regrets, des désirs... Ce que je suis, ce que je pourrais être... ce qu'il faudrait au moins que je fusse, pour que mon amour, si j'osais en avoir, ne fût pas la plus insigne folie!... Que vous dirai-je, enfin? Je suis malheureux, je souffre... et tous les jours davantage... Et si je reste... si je reste, je puis devenir ingrat, fou, me perdre! car ce serait me perdre que me déclarer... On me chasserait, on rirait de moi! Ah! mieux vaudrait la mort!

GERMAINE, *avec une sorte de stupeur.* Te chasser, rire de toi! Et qui donc? (*Après un silence et lui prenant la main.*) Julien!...

JULIEN, *avec un calme affecté.* Vous l'avez dit, ma mère, je suis ambitieux... et c'est pour cela que je veux partir.

GERMAINE. Ambitieux... Hélas! oui... Je t'ai compris, mon pauvre enfant!... Ton absence me rendra bien malheureuse; mais avant tout, ton repos, ton bonheur. Je pense comme toi, maintenant... (*Avec effort.*) Il faut que tu partes.

JULIEN. Et vous ne m'en voulez pas?

GERMAINE. Est-ce donc ta faute?... Ah! si j'avais pu prévoir... tu n'aurais jamais été au château... (*Pleurant.*) Ainsi donc, tu vas t'engager?

JULIEN. J'ai signé depuis trois jours pour la marine... M. de Vintimille était capitaine de vaisseau... Il pense toujours à son ancien état... c'est ce qui m'a décidé.

GERMAINE. Et quand comptes-tu partir?

JULIEN. Le détachement que je dois suivre passe ici aujourd'hui même.

GERMAINE. Aujourd'hui!... Allons, puisqu'il le faut, je vais donc préparer...

JULIEN. Tout est prêt, ma mère.

GERMAINE. Comment?

JULIEN. J'avais si peur de vos larmes, que je m'étais presque décidé à m'éloigner sans vous avertir.

GERMAINE. Ah!... ah! je ne t'aurais pas pardonné! (*Lui prenant les deux mains et le regardant tristement.*)

AIR : *Muse des Bois.*

C'en est donc fait, et de ta pauvre mère
Bientôt la voix en vain t'appellera!

JULIEN.

Rassurez-vous; moins malheureux, j'espère,
Un jour ici votre fils reviendra.

GERMAINE.

Les voilà tous... Allons, pas de faiblesse ..
Notre secret entre nous doi mourir.
A tous les yeux cachons notre tristesse,
C'est bien assez de nous deux pour souffrir!

Pendant la ritournelle, à laquelle se lient quelques mesures de musique d'entrée, on entend dans la coulisse les cris: Vive madame la marquise! vive mam'zelle Blanche!

SCÈNE III.

LES MÊMES, LA MARQUISE, BLANCHE, BLANCHETTE, BRAQUET, ANDRE, PAYSANS, PAYSANNES. (*En entrant, Blanche court tout de suite à Germaine, et lui offre un bouquet. André et les paysans restent au fond, à l'extérieur.*)

BLANCHE. Ma bonne Germaine!... Eh! bien, est-ce que vous êtes fâchée contre moi?... Ne voulez-vous pas m'embrasser?

GERMAINE. Si fait, si fait, mon enfant, et de tout mon cœur. (*Elle l'embrasse.*) Pardon, madame la marquise.

LA MARQUISE. Et qu'ai-je à vous pardonner, Germaine? De l'appeler votre enfant?

N'avez-vous pas été pour elle, en effet, une seconde mère?... M. Julien!...

JULIEN. Madame la Marquise ?

LA MARQUISE. M. de Vintimille, qui a regretté vivement que la goutte l'empêchât de se joindre à nous, m'a chargée de vous remettre cette lettre qu'il adresse à quelqu'un bien placé pour vous être utile. Il m'a fait part de votre projet, mon ami; nous l'approuvons tous deux et nous ne négligerons rien de ce qui pourra aider à vos succès.

JULIEN. Ni vous ni lui n'aurez à vous repentir, madame, de la bienveillance que vous avez toujours daigné me montrer.

BLANCHETTE, *à elle-même*. Quel est donc son projet ?

BRAQUET. Voulez-vous que je lui demande ?

BLANCHETTE. Que vous êtes ridicule !

BRAQUET. Merci. Je n'sais pas ce qui m'arrivera ce soir, mais ça va très-bien ce matin.

LA MARQUISE. Germaine !

GERMAINE. Madame la marquise ?

LA MARQUISE. En attendant l'heure du dîner, nous allons, si vous voulez, visiter les travaux que Julien a fait exécuter dans l'usine, et ses nouvelles prairies artificielles... Venez-vous avec nous, monsieur Braquet?

BRAQUET. Moi, madame la marquise ?... C'est que j'aurais bien voulu dire quelque chose à mamzelle Blanche.

BLANCHE. A moi ?

LA MARQUISE. A ma fille.

BRAQUET. Oui, comme elle est déjà venue voir plusieurs fois les prairies toute seule, ça ne la privera pas trop... Et c'est un service que j'ai à lui demander.

LA MARQUISE. Un service? Reste alors, ma fille. Du moment qu'il s'agit de rendre service à un honnête homme comme monsieur Braquet, je permets le tête-à-tête.

BRAQUET. Oh! madame la marquise peut être sûre qu'il n'y a pas le moindre danger.

LA MARQUISE. Comment?

BRAQUET. Non, c'est une bêtise... ce n'est pas ça...

BLANCHETTE. Sans doute, c'est pas celle-là qu'il voulait dire.

BRAQUET. Cousine!

BLANCHETTE. V'là c'qu'il y a d'bon avec monsieur Braquet : c' qu'il dit et c' qu'il veut dire est toujours à peu près de la même force.

ENSEMBLE.

AIR *nouveau*.

BLANCHETTE.

Il faut voir ces prairies,
Toujours vertes, fleuries,
Grâce à mon cher cousin.
Allons-y donc bien vite,
Nous reviendrons ensuite
Faire honneur au festin.

BRAQUET.

Il faut voir ces prairies
Toujours vertes, fleuries,
Grâce à l'eau du moulin.
Courez-y donc bien vite,
Vous reviendrez ensuite
Faire honneur au festin.

LE CHŒUR.

Allons voir ces prairies,
Toujours vertes, fleuries,
Grâce à l'eau du moulin.
Allons-y tous bien vite,
Nous reviendrons ensuite
Faire honneur au festin.

La Marquise prend le bras de Julien et sort par le fond. Tout le monde la suit.

SCÈNE IV.

BLANCHE, BRAQUET.

BLANCHE, *avec enjouement*. Me voici à vos ordres, monsieur Braquet. Eh bien, qu'avez-vous à me dire?

BRAQUET. Je voulais vous dire, mamzelle... C'est une affaire... une affaire assez bonne, voyez-vous... et pour laquelle vous pourriez me donner des conseils et un petit coup de main.

BLANCHE. Moi?... Mais franchement, monsieur, je m'entends fort peu en affaires.

BRAQUET. Dans ce genre-là, si... oh! je suis bien sûr...

BLANCHE. Qu'est-ce donc?

BRAQUET, *mystérieusement*. Un mariage, mademoiselle.

BLANCHE. Ah!... et vous appelez cela une affaire ?

BRAQUET. Mais dame, c'en est une comme une autre... un peu plus chanceuse, peut-être, voilà tout.

BLANCHE A merveille! Et avec qui voulez-vous négocier cette affaire chanceuse?

BRAQUET. Ah! voilà... je vous dirais bien de deviner; mais ça prendrait du temps, et en affaires il ne faut jamais en perdre... L'objet de mon choix est donc Blanchette Rimbert, ma propre cousine.

BLANCHE. Vraiment?

BRAQUET. Germaine, oui. Et comme je me suis fait l'honneur de vous l'dire, l'affaire est assez bonne.. Blanchette a un petit héritage qui, joint à c'que j'ai moi-même, me donnera les moyens d'augmenter mon commerce, et d'entreprendre en grand, pour mon compte, la fabrication des chandelles économiques, nouveau procédé... Vous concevez l'avantage.

BLANCHE. Oui, oh! cela saute aux yeux... L'affaire est excellente... pour vous ; mais pensez-vous que Blanchette la trouve aussi bonne pour elle ?

BRAQUET. Je vous en fais juge vous-même.

BLANCHE, *s'efforçant de ne pas rire*. Moi ? Mais vraiment vous m'embarrassez beaucoup, monsieur.

BRAQUET. Je vous embarrasse... Eh bien, c'est précisément l'effet que je lui fais aussi à elle, quand je lui parle de ça... si bien qu'au lieu de me répondre elle me rit au nez, et rien ne se conclut. Or comme je suis très-pressé...

BLANCHE. Ah ! vous êtes pressé ?

BRAQUET. Certainement,... je n'attends que ça pour signer un marché de suifs très-important avec la Russie... Si je ne signe pas, on peut me souffler mon suif, vous concevez !

BLANCHE. Sans doute, sans doute... Eh ! mais voilà justement Blanchette qui revient, et nous allons tout de suite...

BRAQUET. Oh ! non, non, si vous lui parliez devant moi, ce serait absolument comme si je lui parlais moi-même... Et vous savez l'effet que ça lui fait... Attendez que j' sois parti... Soyez tranquille, je vais trouver un prétexte adroit pour vous laisser ensemble.

SCÈNE V.

LES MÊMES, BLANCHETTE.

BRAQUET. Pardieu ! cousine Blanchette, v'là qui est particulier... vous arrivez juste au moment où j'allais vous chercher.... Comme ça se rencontre, hein ? Il y a d' la sympathie là-dessous, bien sûr... Eh ! eh !

BLANCHETTE. D' la sympathie ! N'ayez donc jamais de ces idées-là, monsieur Braquet ; ça porte à la tête, et vous l'avez si faible !...

BRAQUET. Vous croyez qu' j'ai la tête faible... C'est bon, on verra ça plus tard... Eh ! eh !

AIR : *de M. Couder.*

Adieu, cousine, je vous quitte.
Mademoiselle vous dira
Pourquoi je m'éloigne si vite ;
J'espère que ça vous plaira.

BLANCHETTE.

Ah ! cousin, c'est mal vous connaître
Que de parler ainsi vraiment :
Un homme comme vous doit être
Toujours sûr de plaire, en partant.

BRAQUET (*parlé*). Vous dites ?

BLANCHETTE. Je dis que je ne vous retiens pas.

BRAQUET. Ah ! très-bien... Alors, je m'en vais.

ENSEMBLE.

BRAQUET.

C'est dit, cousine, je vous quitte.
Ah ! d'espoir mon cœur bat déjà !
Surtout, répondez oui bien vite :
Ma fortune est dans ce mot-là !

BLANCHETTE.

C'est bon, d'excuse on vous tient quitte,
Je vous croyais parti déjà !
A vos affaires courez vite :
Tout pour vous est dans ce mot-là.

BLANCHE.

Plein d'espoir, tandis qu'il nous quitte,
Sur un oui spéculant déjà,
J'ai peur d'entendre ici trop vite
Un autre mot que celui-là !

SCÈNE VI.

BLANCHE, BLANCHETTE.

BLANCHETTE. Ah ça ! mais qu'est-ce qu'il a donc aujourd'hui?

BLANCHE. Il a l'espoir de te plaire, et cela le rend heureux.

BLANCHETTE. L'espoir de me plaire, lui, encore ! Il faut convenir qu'il y met d' l'entêtement, par exemple.

BLANCHE. Décidément, tu ne l'aimes donc pas ?

BLANCHETTE. L'aimer, moi !... Vous venez de causer avec lui, et vous me demandez si je l'aime !... Un homme qu'est si...

BLANCHE. Mais non, pas tant que tu crois. D'abord, il paraît entendre très-bien les affaires.

BLANCHETTE. Les affaires, oui, j' vous accorde ça ; mais sortez-le de son négoce, il est stupide.

BLANCHE. Après tout, cependant, ce serait un bon parti pour toi... Ce qu'il a, ses projets...

BLANCHETTE. Oui, oui, je sais, c'est superbe, mais ça ne me tente pas... Faudra donc qu'il fasse ses économiques sans moi... J'ai mieux que lui.

BLANCHE. Vraiment?

BLANCHETTE. Cent fois mieux !... Et j' n'ai pas été chercher bien loin pour ça.

BLANCHE. Ah !... Et qui est-ce donc ?

BLANCHETTE. Comment ! vous ne devinez pas ?... Mais c'est mon cousin Julien.

BLANCHE. Monsieur Julien ?... Tu l'aimes ?

BLANCHETTE. Mais dame... est-ce qu'il n'en vaut pas la peine ?

BLANCHE. Et... il partage tes sentiments?

BLANCHETTE. Oui, mamzelle..... J'crois même, entre nous, qu'il a commencé avant moi, et qu'ça le tient encore un peu plus fort.

BLANCHE. Ainsi, monsieur Julien t'a dit...

BLANCHETTE. Rien du tout... Ah! ben oui, dire! Il est trop timide pour dire quelque chose.

BLANCHE. Eh bien! alors, s'il ne t'a rien dit, qui peut te faire croire?...

BLANCHETTE. Mais tout, mamzelle, tout. D'abord, depuis queuq' temps il soupire beaucoup... ça c'est au vu et su de tout le monde; il est triste, il ne tient pas en place, il parle tout seul et il lève les yeux en l'air à chaque instant, ce qui est très-louche... Et puis, savez-vous c'que j'ai vu hier?... Il s'en allait vers le petit bois, plus rêveur et plus sombre encore que de coutume... Alors, moi, je l'ai suivi... pas par curiosité au moins, j'en suis incapable..... mais parce que j'avais peur.... Arrivé près du beau saule, qui a été planté le jour de sa naissance et de la vôtre, les larmes dans les yeux, il a tiré de sa poche un grand couteau...

BLANCHE. Ah! mon Dieu!

BLANCHETTE. Ah! mon Dieu! C'est juste ça aussi que j'ai dit en voyant le couteau... Mais j'ai été bientôt rassurée: ce n'était qu'à l'écorce du saule qu'il en voulait, et pleurant toujours, il s'est mis à écrire quelque chose dessus avec la pointe...

AIR: *Je sais attacher des rubans.*

Alors, le regard enflammé,
Embrassant l'arbre avec ivresse,
Adieu, dit-il, mon saule bien aimé!
A toi seul le s'cret d'ma tendresse!
J'accours, et j'vois un J très-bien formé,
Plus un grand B gravés par la serpette...
Or, j'vous l' demand', que voudrait dir' J.B.
Si ça n'veut pas dir' j'aim' Blanchette? } *Bis.*

Est-ce que vous n'êtes pas de mon avis? Cependant il n'y a pas à s'y tromper, puisqu'il n'y a que moi dans le pays dont le nom commence par un B.

BLANCHE. Il n'y a que toi?

BLANCHETTE. Je dis que moi, parce que je ne vous compte pas... Il est bien clair que mon cousin ne peut pas être assez fou...

BLANCHE. Tu as raison.

BLANCHETTE. C'est donc très-certainement moi qu'il aime, et il ne s'agit plus que de le décider à se déclarer. Je lui demanderais bien... mais vous concevez, demander ces choses-là pour soi-même, c'est délicat... au lieu que quand on parle pour une autre...

BLANCHE. Comment?

BLANCHETTE. Oui, si vous, par exemple, vous lui disiez...

BLANCHE. Moi?... mais en vérité, c'est une gageure: monsieur Craquet, tout à l'heure, et maintenant mademoiselle Blanchette!...

BLANCHETTE. Vous voilà fâchée!... Pardon, mademoiselle, si j'avais su... Prenez que je n'ai rien dit... je m'en vas.

BLANCHE. Mais non, demeure... Je ne suis pas fâchée... seulement toutes ces confidences...

BLANCHETTE. Que voulez-vous? c'était l'jour apparemment... V'là donc qu'est dit; vous consentez... Oh! merci, merci... J'vais vous l'envoyer.

ENSEMBLE.

Air nouveau.

BLANCHE.

Epreuve cruelle!
Que résoudre, hélas!
Mon cœur, devant elle,
Ne te trahis pas!

BLANCHETTE.

Il me croit cruelle,
Quelle erreur, hélas!
Ah! mademoiselle,
Ne l'y laissez pas!

Blanchette sort.

SCÈNE VII.

BLANCHE, *seule.*

Est-ce bien elle qu'il aime en effet?... Elle le croit... Et moi... Eh bien! moi aussi, je dois, je veux le croire... oui, oui, qu'il l'aime... Blanchette l'a dit: Julien n'est pas assez fou pour en aimer une autre... Ce serait bien une folie, en effet... Et qu'aurais-je à y gagner, moi? la honte, le malheur!...

AIR:

Je me trompais lorsque je croyais lire
Les vœux secrets de ce cœur oppressé...
Oui, je le vois, j'étais seule en délire
Quand je rêvais cet amour insensé...
Merci, mon Dieu! pour moi cette assurance,
C'est le salut, c'est peut-être l'honneur!
Pour me punir, gardez-moi la souffrance;
Mais que sa part à lui soit le bonheur!

SCENE VIII.

BLANCHE, JULIEN.

JULIEN. Vous m'avez demandé, mademoiselle?

BLANCHE. Oui, monsieur Julien... quelqu'un a réclamé de moi un service que j'ai promis de rendre avec d'autant plus de plaisir, qu'en obligeant cette personne, j'avais la certitude de vous obliger aussi vous-même.

JULIEN. Moi?

BLANCHE, *s'efforçant de sourire.* On me

l'a dit... et j'ai dû le croire... Voyons, monsieur Julien, pouvez-vous prendre l'engagement de me répondre avec confiance et abandon, comme parlerait un frère à sa sœur ?

JULIEN. Je n'oublierai jamais, mademoiselle, ni le respect ni la reconnaissance que je dois à vous et à votre famille.

BLANCHE. Prenez garde, il ne s'agit ici ni de reconnaissance ni de respect... Il s'agit de confiance... de confiance fraternelle... c'est-à-dire absolue... Voilà ce que je vous demande.

JULIEN. Mademoiselle...

BLANCHE. Vous... vous aimez, monsieur Julien ?

JULIEN. Qui a pu vous dire ?

BLANCHE. Qu'importe, si on a dit vrai?

JULIEN. Eh bien, oui, mademoiselle, on vous a dit vrai... oui, j'aime!... J'aime de toutes les forces de mon âme, avec idolâtrie!... Mais cet amour je dois le taire.

BLANCHE. Pourquoi donc?

JULIEN. Plus tard peut-être, aurai-je le droit de me déclarer... mais à présent, c'est impossible.

BLANCHE. Et cependant si le bonheur... de celle que vous aimez dépendait de cet aveu...

JULIEN. Qu'entends-je? (*A part, voyant le calme que Blanche est parvenue à prendre.*) Ah! j'étais fou !

BLANCHE. Pourquoi ne pas faire cesser une inquiétude qui vous est également cruelle à tous deux ? Pourquoi ne pas demander franchement sa main ?

JULIEN. Sa main ?

BLANCHE. Sans doute. Cette union est tout à fait convenable... et ma famille s'y intéressera comme moi.

JULIEN. Votre famille, vous!... De qui me parliez-vous donc, mademoiselle ?

BLANCHE, *se troublant de nouveau.* Mais de celle que vous aimez, monsieur Julien... de Blanchette, votre cousine.

JULIEN. Ma cousine!... Ah! oui, sans doute, ma cousine... je disais bien que j'étais fou!

BLANCHE. Que signifie ?

JULIEN. Oui, certes, j'étais fou!... Vous avez raison, mademoiselle, c'est ma cousine que j'aime... Il n'y a qu'elle, en effet, que je puisse, que je doive aimer!... Je m'ignorais moi-même, voyez-vous! pauvre insensé, j'avais donné mon cœur, et j'oubliais à qui!... Merci, mademoiselle, de me l'avoir rappelé!

BLANCHE. En vérité, monsieur Julien, je ne puis comprendre...

JULIEN. Oh! je comprends bien, moi! je rêvais, vous m'avez éveillé, voilà tout!... L'illusion est détruite maintenant et pour toujours!... ma vie la suivra peut-être... Mais est-ce votre faute ?

BLANCHE. Je vois que j'ai eu tort, monsieur Julien, de me charger... (*Elle veut s'éloigner*).

JULIEN. Je vous ai offensée, mademoiselle... Ah! pardon, mille fois pardon ! Rassurez-vous; cette folie, dont malgré moi j'ai laissé échapper le secret, ne vous blessera bientôt plus... Je vais m'en punir, et bien cruellement!... Je pars, je m'expatrie!

BLANCHE, *revenant.* Vous partez ?

JULIEN. Aujourd'hui même.

BLANCHE, *avec attendrissement.* Vous partez !...

JULIEN. Avant cet entretien, le voyage que je dois entreprendre avait un but bien précieux pour moi!... A présent, c'est un voyage sans retour et sans autre but que l'oubli si le ciel me l'accorde, et la mort si je n'oublie pas !

BLANCHE. Que dites-vous ?

JULIEN. C'était pourtant une noble pensée que celle qui m'animait!... Je rêvais encore.

AIR : *Le retour des chansons.* (Et. Arnauld.)

Je me disais : Je fus bien téméraire
D'oser si haut élever mon amour!
Mais j'ai du cœur... le hasard de la guerre
A ce niveau peut me porter un jour...
D'un prompt retour j'avais là l'assurance;
Oui, dans mon cœur au moment de partir,
Je me croyais maître de l'avenir!
Mais maintenant, adieu toute espérance,
Je pars, hélas ! pour ne plus revenir !

BLANCHE, *à part.* O mon Dieu !

JULIEN. En m'éloignant ainsi triste et désespéré, mademoiselle, n'emporterai-je pas au moins votre pardon ?

BLANCHE, *très-émue.* Julien !

JULIEN. Qu'entends-je?

BLANCHE, *cherchant à se remettre.* Monsieur Julien....

JULIEN. Mon Dieu! Votre voix est émue !

BLANCHE. Oui, j'en conviens... l'annonce si inattendue de votre départ.... Cette ambition d'une belle âme, ce projet si noble et si digne de vous !...

Même Air.

Il faut le suivre... ah ! tout me le présage,
Vous reviendrez heureux auprès de nous!
Dieu bénira, Julien, votre courage,
Car chaque jour nous le prierons pour vous!
Pour adoucir les peines de l'absence,
Dont d'autres cœurs comme vous vont souffrir...
Songez à nous, songez à l'avenir...
En nous quittant, emportez l'espérance,
Partez, Julien, partez pour revenir !

Elle lui tend sa main, qu'il porte vivement à ses lèvres.

JULIEN. Blanche, vous m'aimez donc!

BLANCHE, *retirant sa main.* Quelqu'un!

SCÈNE IX.

LES MÊMES, BRAQUET.

BRAQUET, *se frottant les mains.* Affaire faite ! affaire faite ! J'ai acheté les suifs !

JULIEN, *à part.* Butor !

BRAQUET. Pardon, cousin... je vous dérange peut-être... mais c'est une excellente affaire dont j'avais à parler à mademoiselle... Cinquante pour cent de bénéfice ! (*A Blanche.*) Eh bien, avez-vous de bonnes nouvelles à me donner ?

BLANCHE, *cherchant à se remettre.* Franchement, monsieur... non.

BRAQUET. Elle refuse ?

BLANCHE. Mais... à peu près.

BRAQUET. C'est ça, toujours la même plaisanterie ! je n'peux cependant pas rester éternellement entre le ziste et le zeste, une jambe en l'air... surtout à présent que me v'là deux mille quintaux de suif sur les bras ! La position n'est pas tenable !... N'est-ce pas, cousin ?

JULIEN, *avec humeur.* Je ne sais ce que vous voulez dire.

BRAQUET. C'est juste... Eh bien, alors, je vais vous expliquer...

JULIEN. Merci... Je ne suis pas curieux... et puis, voilà madame la marquise.

BLANCHE. Ma mère !... (*Elle va au devant de la Marquise.*)

SCÈNE X.

LES MÊMES, LA MARQUISE, GERMAINE, BLANCHETTE.

LA MARQUISE, *à Julien.* Ah ! nous vous retrouvons enfin, monsieur le déserteur.... Qu'étiez-vous donc devenu ?

JULIEN. Madame...

BRAQUET. Pardine, il causait ici avec mademoiselle Blanche... tout seul, comme moi, tantôt.

LA MARQUISE. Avec ma fille ?

BLANCHE. Oui, ma mère... C'est Blanchette qui m'avait priée...

BLANCHETTE. C'est vrai, madame la marquise... j' vous raconterai ça plus tard.

BRAQUET. Et à moi aussi, vous me le raconterez !

BLANCHETTE. A vous ! pourquoi faire ?.. (*Bas à Blanche.*) Eh bien ! mamzelle, a-t-il osé parler enfin ?

BLANCHE, *de même.* Mais...

BLANCHETTE. Hein ?

BLANCHE. Monsieur Braquet est arrivé...

BLANCHETTE. Et ça l'a empêché de s'expliquer... Maudit homme, va !... Dieu sait maintenant quand nous retrouverons une pareille occasion !... Tenez, regardez... le v'là qui r'soupire de plus belle !... Eh ! mon Dieu ! qu'il s' déclare donc vite !... Ah ! si j'étais aussi bien le garçon !

SCÈNE XI.

LES MÊMES, VILLAGEOIS ET VILLAGEOISES, *puis* ANDRÉ. (*La grande porte du fond s'ouvre et on voit la table dressée dans le verger.*)

CHOEUR.

Air nouveau.

Venez, venez, la table est prête ;
Chacun ici, le verre en main,
Veut célébrer gaîment la fête
De la meunière et du moulin !

Julien offre son bras à la Marquise, quant un roulement de tambour se fait entendre. Tout le monde s'arrête.

BLANCHETTE.

Pourquoi c' tambour qu'on vient d'entendre ?

BRAQUET.

Pour les conscrits qui s' font attendre.

ANDRÉ, *portant une valise.* (*Parlé.*) Monsieur Julien, êtes-vous prêt ?

JULIEN.

Maladroit !

BLANCHETTE.

Que dit-il ! c'est pour rire, j'espère...

BLANCHE.

Hélas ! non.

BLANCHETTE.

Lui, partir ! le v'là donc ce secret
Qu'avec tant d' soin on me cachait !
Lui, partir pour la guerre !
Le v'là donc ce fatal secret !

UNE VOIX *appelant dans la coulisse.* Julien Rimbert !

BRAQUET.

C'est vous, ma foi,
Cousin, que l'on appelle...

Germaine tombe sur un fauteuil.

JULIEN.

J'y vais !

BLANCHETTE *et* GERMAINE.

Julien !

JULIEN, *montrant sa mère.*

Restez tous auprès d'elle,
Et pour la consoler, ici remplacez-moi !

Au moment où Julien s'éloigne, Germaine s'évanouit. Blanche, Blanchette et la Marquise lui prodiguent leurs soins. Le détachement des conscrits paraît dans le fond, tambour en tête.

ACTE DEUXIEME.

Le théâtre représente un petit salon très-modestement meublé. —A droite de l'acteur, une cheminée; à gauche, une croisée donnant sur un jardin. —Au fond, porte principale donnant sur un vestibule. — A gauche, après la croisée, autre porte communiquant à l'intérieur. Près de la cheminée est un grand fauteuil en tapisserie. — A côté du fauteuil, une petite table sur laquelle il y a des papiers et ce qu'il faut pour écrire. — Sur la cheminée, journaux.

SCÈNE PREMIÈRE.

BLANCHE, LA MARQUISE. (*Au lever du rideau, la Marquise est assise dans le grand fauteuil, et fait de la tapisserie. Blanche est assise auprès d'elle et occupée d'écrire.*)

LA MARQUISE. As-tu fini, mon enfant?

BLANCHE. Oui, ma mère.

LA MARQUISE. Eh bien! dis-moi cette lettre.

BLANCHE, *lisant.* « Chaville, 12 mars 1811. » Ma chère tante, la santé de mon père nous » donne de vives inquiétudes. Jamais il n'avait » eu un accès de goutte aussi violent; et cet » accès est venu bien mal au milieu de tous » les chagrins dont il est accablé : complétement ruiné par les procès qu'il a perdus » depuis deux ans, il ne lui reste plus que la » maison que nous habitons aujourd'hui; et » ce modeste asile, il n'a pas même la certitude » de nous le conserver. Malgré les efforts » qu'il fait pour nous cacher son désespoir, » nous le devinons, et il nous effraye!... »

LA MARQUISE. Oh! oui, car Dieu sait où il pourrait le pousser!

BLANCHE, *continuant.* « Vous avez adressé » à ma mère plusieurs questions auxquelles je » vais répondre dans l'ordre où vous les avez » faites.

» Blanchette Rimbert a enfin consenti à » épouser son cousin l'épicier; ils sont allés » s'établir à Paris, Germaine dit qu'ils font » bon ménage et espère qu'ils réussiront. » Nous ne les avons pas revus depuis leur » mariage. (*Avec émotion.*) Quant au jeune » marin... dont vous nous parlez, il n'a pas » donné de ses nouvelles depuis son embarquement à Toulon. Sa pauvre mère ne sait » comment expliquer un silence aussi prolongé et s'en désole!...

» Nous n'avons maintenant d'autre société » que celle de l'acquéreur du domaine de » Vintimille, le général Avitti, brave Corse, » dont la fortune a grandi avec celle de l'empereur, et qui est venu dans ce pays pour » achever de se remettre d'une blessure grave » reçue dernièrement en Espagne. Mon père » l'a pris en grande affection, et il mérite en » effet qu'on l'estime et qu'on s'attache à » lui. »

LA MARQUISE. Bien, ma fille; je suis charmée que cette justice lui soit rendue par toi.

BLANCHE. « Tout le monde l'aime ici; moi, » je l'aime comme tout le monde. Il paraît » désirer plus, et c'est là le seul défaut sérieux » que je lui connaisse. »

LA MARQUISE. Comment?

BLANCHE. Je suis franche avec ma tante comme avec vous, ma mère.

LA MARQUISE. Tu sais pourtant quelle joie tu causerais à ton père en répondant à ses vœux.

BLANCHE. Oui, il me l'a dit... mais j'espère qu'il ne m'ordonnera pas...

LA MARQUISE. Non, sans doute. Ni lui, ni moi, ne voudrions te faire violence sur un pareil sujet... nous attendrons. — La lettre finit-elle là?

BLANCHE, *cachetant la lettre.* Je l'ai terminée par quelques mots sur le neveu du général.

LA MARQUISE. Le beau, l'élégant Gaston!.. Et qu'en dis-tu?

BLANCHE. Ce que vous en dites là vous-même. J'ajoute qu'il est spirituel, aimable; mais qu'il ne me plaît pas.

LA MARQUISE. Pourquoi donc?

BLANCHE. Je ne sais... prévention peut-être.

SCÈNE II.

LES MÊMES, JOSEPH.

JOSEPH. M. le marquis demande madame et mademoiselle, pour leur communiquer une lettre qu'il vient de recevoir de Paris.

LA MARQUISE *à Blanche.* C'est de son avoué, sans doute. (*Se levant.*) C'est bien, nous y allons... (*Regardant à la fenêtre.*) Mais qui vient donc là-bas?.. Je ne me trompe pas, c'est le général et son neveu... Il faut que tu restes pour les recevoir, mon enfant.

BLANCHE, *cachetant sa lettre.* Sans vous? Dispensez-m'en, je vous prie... Joseph pourra prier ces messieurs d'attendre ici un moment.

LA MARQUISE. Soit.

AIR :

ENSEMBLE.

LA MARQUISE.

Allons trouver ton père,
Ah ! Dieu veuille, aujourd'hui,
Qu'un destin plus prospère
S'annonce enfin pour lui !

BLANCHE.

Je vous suis, bonne mère.
Dieu nous doit aujourd'hui
Un destin plus prospère
Et pour vous et pour lui !

JOSEPH.

Noble enfant, bonne mère,
Ah ! je crains qu'aujourd'hui
Le sort toujours contraire
Ne vous frappe avec lui !

Blanche et la Marquise sortent par la porte de gauche.

SCÈNE III.

LE GÉNÉRAL, GASTON, JOSEPH. *Le général a le bras gauche en écharpe.*

LE GÉNÉRAL, *en entrant.* Monsieur le marquis?

JOSEPH. Il est retenu chez lui par un violent accès de goutte, mon général.

LE GÉNÉRAL. Ces dames?

JOSEPH. Sont auprès de Monsieur. Elles m'ont chargé de vous prier de les attendre ici un moment.

LE GÉNÉRAL. C'est bien, c'est bien, mon brave Joseph, nous attendrons. (*Joseph sort par le fond.*)

SCÈNE IV.

LE GÉNÉRAL, GASTON.

LE GÉNÉRAL, *à lui-même.* Ils sont en conférence... La lettre de l'avoué est arrivée sans doute... Pourvu que mon secret soit bien gardé !...

GASTON. Voulez-vous ce journal, mon oncle ?... On y annonce une nouvelle campagne.

LE GÉNÉRAL. En Russie ; oui, je le sais... mais je ne puis la faire..... cette maudite blessure !...

GASTON. Et puis l'ordre de l'empereur... votre mariage avec Mlle de Vintimille, dont il veut relever la fortune par cette alliance...

LE GÉNÉRAL. Pour la première fois de ma vie, je désobéirai à l'empereur : je ne me marierai pas.

GASTON. Comment ?

LE GÉNÉRAL. J'avais mis deux conditions à mon obéissance : d'abord qu'il ne serait exercé sur la famille aucune influence au nom de Sa Majesté ; ensuite... que je serais aimé.

GASTON. Eh bien ?

LE GÉNÉRAL. Eh bien ! Mlle de Vintimille ne m'aime pas.

GASTON. Quand elle vous connaîtra mieux, mon oncle, elle pourra vous aimer. Jeune comme vous l'êtes encore, car c'est à peine si vous comptez quelques années de plus que moi, et déjà parvenu cependant à une brillante fortune militaire...

LE GÉNÉRAL. Et que fait cela ? Si son père ordonne, elle obéira, voilà tout... Elle obéira, comme celle qui la première reçut, il y a quinze ans, mon nom... J'en avais vingt alors... Et qu'y a-t-il eu pourtant au bout de cette union funeste ? La haine, l'outrage, et du sang pour le laver !... Ah ! c'est assez, c'est trop d'un pareil souvenir pour peser à jamais sur la vie d'un homme !...

GASTON. Mais vous me l'avez dit vous-même, mon oncle, Mlle de Vintimille a trop de vertu pour jamais manquer à son devoir.

LE GÉNÉRAL. Le devoir, le respect du devoir... oui, voilà tout ce que j'aurais à en attendre ! Et est-ce assez pour une âme comme la mienne ?... Devant cette froide vertu, le doute, un doute affreux me poursuivrait toujours... Je serais encore jaloux enfin, et ma jalousie serait pour elle une continuelle offense, un supplice sans fin pour moi !... Non, ce mariage n'aura pas lieu... Nous partirons demain pour la Corse.

GASTON. Demain !

LE GÉNÉRAL. J'ai déjà trop tardé... Mais ce départ devrait te réjouir, toi, puisqu'il te rend toutes les espérances que l'ordre de l'empereur pouvait te faire perdre ; car renoncer à Blanche, c'est renoncer à toute autre union !... A toi donc désormais, à toi mon seul héritier, mon titre, mes richesses, mes honneurs, toutes les joies du monde enfin !... A moi... (*Lui tendant la main.*) Eh bien ! à moi ton bonheur pour dernière consolation !

GASTON. Mon oncle !

LE GÉNÉRAL. Je ne m'éloignerai pas cependant sans avoir préservé la famille Vintimille de la ruine totale qui la menace. Que t'a dit M. Durand, leur avoué ?

GASTON. Qu'il exécuterait ponctuellement vos ordres, mon oncle.

LE GÉNÉRAL. Bien... Mais il devrait déjà être ici.

BRAQUET, *dans la coulisse.* Est-ce qu'il n'y a personne pour nous annoncer ?

LE GÉNÉRAL. Qui vient là ?

SCÈNE V.

LES MÊMES, BRAQUET, BLANCHETTE.

(Braquet est endimanché : pantalon de nankin, habit mal coupé, mais sentant moins la campagne que celui du premier acte. Blanchette a une robe de soie, un joli bonnet avec rubans et fleurs et un ternaux sur le bras.)

BRAQUET, *en entrant*. Pas un seul domestique !... Il paraît que ça va encore plus mal que je ne croyais. Eh ! eh ! le marquisat est loin !

BLANCHETTE, *bas*. Taisez-vous donc, monsieur, vous n'êtes pas seul ici.

BRAQUET. Ah ! tiens, c'est juste, je n'avais pas vu... (*Saluant.*) Messieurs...

LE GÉNÉRAL, *prenant un journal et s'asseyant*. Monsieur venait voir M. le marquis ?

BRAQUET. Oui, le marquis, la marquise, Mlle Blanche, tout le monde... à cette fin de leur présenter Mme Braquet, mon épouse, ici présente... parce que, comme ce sont eux pour ainsi dire qui ont fait le mariage, j'étais bien aise de leur prouver que ça n'allait pas trop mal à leur petite Blanchette... c'est-à-dire à notre petite Blanchette... ou plutôt encore à ma petite Blanchette ; car enfin à présent elle est bien à moi, à moi seul... Eh ! eh !

BLANCHETTE, *à part*. Quel ennui !

BRAQUET. Hein !

BLANCHETTE. Rien... Mais parlez moins, si c'est possible.

BRAQUET. Pourquoi donc ça ? ces messieurs ne sont pas de trop... N'est-ce pas, messieurs, que ça ne vous contrarie pas que je vous aie présenté mon épouse, ici présente ?

GASTON. Comment donc ! mais c'est une bonne fortune pour nous au contraire !

BRAQUET. Tu vois bien !... Vous n'avez pas d'idée, jeune homme, des chalands que ce petit minois-là nous attire !

GASTON. Je le conçois sans peine.

BRAQUET. C'est au tabac surtout que ça va !... Mille cigares par jour !... Oh ! l'affaire est bonne.

GASTON. Plaît-il ?

BLANCHETTE. Mon mari, qui est fort galant, comme vous pouvez voir, monsieur, mais qui est commerçant avant tout, dit qu'en m'épousant il a fait... une bonne affaire.

BRAQUET. Certainement, je le dis ; je le dis parce que c'est vrai... L'affaire ne deviendrait mauvaise que dans le cas où... Eh ! eh !

BLANCHETTE. Monsieur !...

BRAQUET. Mais ce cas-là n'arrivera pas... Je la rends si heureuse !

GASTON. Vraiment ! Et depuis quand dure ce bonheur ?

BRAQUET. Depuis un an, jeune homme.

GASTON. Déjà ! C'est long.

BRAQUET. Mais non, je ne trouve pas.

GASTON. Oh ! je ne pensais pas à vous.

BRAQUET. Vous dites ?

BLANCHETTE. Monsieur dit qu'il ne parle pas pour vous.

BRAQUET. Ah ! très-bien, j'y suis... Monsieur parle en général.

GASTON, *cachant son envie de rire*. Précisément.

BRAQUET. Dites-moi donc, jeune homme... votre ami paraît bien occupé.

GASTON. Fort occupé, oui, monsieur.

BRAQUET. Est-ce que par hasard il viendrait pour l'expropriation, hein ?

GASTON. Quelle expropriation ?

BRAQUET. Je vais lui demander. (*Frappant familièrement sur l'épaule du Général.*) Monsieur !

LE GÉNÉRAL, *se levant et le toisant*. Monsieur !

BRAQUET. Ce n'était pas la peine de vous lever... Enfin, c'est égal... Franchement, voyons, est-ce que vous avez envie d'acheter la maison ?

LE GÉNÉRAL. Quelle maison ?

BRAQUET. Faites donc l'ignorant !... Celle-ci, parbleu !

LE GÉNÉRAL. Mais elle n'est pas à vendre, ce me semble.

BRAQUET. Non, pas encore, mais ça ne peut pas tarder, puisque le procès se juge aujourd'hui.

LE GÉNÉRAL. Vous vous trompez, monsieur.

BRAQUET. Je me trompe, c'est possible... (*A part.*) Il veut m'évincer, c'est clair ; mais je tiendrai bon... Ah ! ah !

LE GÉNÉRAL. Je pensais, monsieur, que vous étiez venu pour présenter votre femme à la famille Vintimille.

BRAQUET. Mon épouse ? Oui, pour ça d'abord... Mais j'ai fait d'une pierre deux coups, suivant mon habitude... Tel que vous me voyez, je mène toujours de front deux, trois quatre affaires... Dans ce moment-ci, quatre... Comme ça, si l'une manque, l'autre ne manque pas, et je ne perds jamais mon temps et mes peines... Voilà mon système, monsieur, voilà mon système ! Eh ! eh !

LE GÉNÉRAL. Je vous en félicite, monsieur. (*Il lui tourne le dos.*)

BRAQUET. Mais, dam ! il me semble... (*A Gaston.*) Il est un peu sec votre ami.

SCÈNE VI.

LES MÊMES, DURAND, JOSEPH.

JOSEPH, *à Durand.* Venez, monsieur... mon maître a ordonné de vous introduire aussitôt que vous vous présenteriez.

LE GÉNÉRAL, *à part.* L'avoué... (*Allant à lui.*) Monsieur Durand...

DURAND. Ah! monsieur le comte.

LE GÉNÉRAL, *bas.* Eh bien, le procès?

DURAND, *de même,* Perdu.

LE GÉNÉRAL. Je m'y attendais... Allez, et faites bien ce dont nous sommes convenus.

DURAND. Soyez tranquille... Pourvu qu'il ne reçoive pas de nouvelles par d'autres...

LE GÉNÉRAL. J'y veillerai. (*Il rejoint Gaston et lui parle bas. Durand sort par la porte qui conduit chez la Marquise.*

SCÈNE VII.

LES MÊMES EXCEPTÉ DURAND.

BLANCHETTE. Monsieur Joseph, ayez la bonté de dire à mademoiselle Blanche que nous sommes là.

JOSEPH. Je vais vous annoncer, mademoiselle. (*Il sort.*)

BRAQUET. Qu'est-ce à dire, mademoiselle?.. Insolent!

BLANCHETTE. Eh! mon Dieu! qu'il m'appelle mademoiselle ou madame, qu'est-ce que ça vous fait?

BRAQUET. Comment! ce que ça me fait?... après un an de mariage!... ça me fait que c'est très-humiliant pour ma dignité d'homme, voilà tout!

LE GÉNÉRAL, *haut.* Voilà qui est entendu : tu termineras sur-le-champ cette affaire avec monsieur.

GASTON. Oui, mon oncle.

BRAQUET. Une affaire!... quelle affaire?...

LE GÉNÉRAL. Une cinquième, que vous trouverez bonne, j'espère... Mon neveu vous expliquera cela. (*Il va se rasseoir.*)

GASTON. Oui, monsieur, si vous voulez m'accompagner avec madame jusqu'au château...

BRAQUET. Certainement... tout de suite.

BLANCHETTE. Sans avoir vu nos protecteurs?

BRAQUET. Nous les verrons plus tard... Du moment que l'affaire est bonne, je n'ai pas envie de la manquer... Donnez donc le bras à mon épouse, jeune homme.

GASTON, *offrant son bras à Blanchette.* Très-volontiers!... Madame...

ENSEMBLE.

AIR *nouveau.*

BRAQUET.

Partons vite!
La visite
Aura son temps s'il nous reste un moment.
Une affaire,
Bonne à faire,
Passe toujours avant le sentiment.

GASTON.

Partons vite!
En visite
Vous reviendrez ici dans un moment.
En affaire,
Il faut faire
A l'intérêt céder le sentiment.

BLANCHETTE.

Qu'il m'irrite
Et m'excite!
Ah! je le hais vraiment en ce moment!
Une affaire,
Bonne à faire,
Voilà son Dieu! son premier sentiment!

BRAQUET, *sur la ritournelle.* Nous ferons l'affaire, général, nous la ferons. Eh! eh!...

SCENE VIII.

LE GÉNÉRAL, *seul.* Quel homme!... inepte, grossier, sans âme!... Eh bien! notre société est faite de telle sorte, qu'un jour, peut-être, il y occupera un rang élevé... Eh! mon Dieu! oui!...

AIR : *Du haut en bas.*

Il parviendra!
La soif de l'or qui le stimule
L'inspirera,
Et jusqu'au but le poussera.
Il est bien sot, bien ridicule,
Mais il est sans cœur, sans scrupule...
Il parviendra.

SCÈNE IX.

LE GÉNÉRAL, BLANCHE.

BLANCHE. Mon père m'envoie vers vous, monsieur le comte... Quoique bien souffrant encore, il désire vous voir.

LE GÉNÉRAL. Qu'est-il donc arrivé?

BLANCHE. Un grand bonheur pour lui, à cause de nous, et pour nous à cause de lui... Le procès...

LE GÉNÉRAL. Il est gagné?

BLANCHE. Oh! mieux que cela!... Notre adversaire s'est désisté... M. Durand, l'avoué de mon père, est venu le lui annoncer tout à l'heure.

LE GÉNÉRAL. Je l'ai vu.

BLANCHE. Vous le connaissez?

LE GÉNÉRAL. Non, mais... Joseph l'a nommé devant moi.

BLANCHE. Quel digne homme! Il était aussi heureux que nous!... Outre le désistement, il nous a fait obtenir vingt mille francs à titre de restitution, dommages et intérêts... quel bonheur pour mon père, qui croyait tout perdu et qui se désespérait surtout de ne pouvoir s'acquitter envers vous! Va vite trouver le général, m'a-t-il dit... qu'il vienne; nous lui devons bien les prémices de notre joie!.. Et je suis accourue, et j'ai trop parlé... Bon père! il n'aura plus le plaisir de vous rien apprendre; vous savez tout.

LE GÉNÉRAL. Oui; mais pour ne rien retrancher de sa joie, je puis oublier...

BLANCHE. Ah! c'est bien, cela!... Ne tardez donc plus à le rejoindre.

LE GÉNÉRAL. Avant d'aller trouver votre père, mademoiselle... je voulais vous prier de m'écouter un instant..

BLANCHE, *redevenant sérieuse.* Je suis à vos ordres, monsieur le comte.

LE GÉNÉRAL. A mes ordres!... ne voulez-vous donc pas redevenir pour moi ce que vous étiez encore il y a quelques jours, quitter enfin ce ton cérémonieux et glacial?

BLANCHE. Vraiment, je ne demanderais pas mieux; mais...

LE GÉNÉRAL. Mais... si je reviens moi-même aux seuls sentiments que vous me supposiez alors... si, désespéré, mais bien résolu, pourtant, je l'annonce aujourd'hui à votre père...

BLANCHE. Eh quoi! monsieur le comte?

LE GÉNÉRAL. Oui, mademoiselle, j'ai reconnu, trop tard pour mon repos sans doute, mais j'ai reconnu, enfin, que les vœux que j'osais former ne pourraient jamais se réaliser que par la contrainte et aux dépens de votre bonheur... j'ai compris combien un aveu, que je voudrais pour tout au monde n'avoir pas fait, avait rendu notre position, vis-à-vis l'un de l'autre, fausse et embarrassée... Les obligations que votre famille croit m'avoir ajoutaient encore à cet embarras... et moi-même je le sentais, mes prétentions donnaient au peu que j'avais pu faire une apparence de calcul qui blessait la délicatesse et devait m'enlever votre estime.

BLANCHE. Oh! jamais!

LE GÉNÉRAL.

AIR : *Pauvre soldat sur la terre étrangère,*

En renonçant à ma folle espérance,
Puis-je compter que du moins dans vos yeux
Je reverrai la douce confiance,
Qui s'est enfuie à mes premiers aveux ?
J'étais pour vous un ami, presque un frère ;
J'ai voulu plus, et c'est là mon malheur !...
Quand je reviens ce que j'étais naguère,
Me rendrez-vous votre amitié de sœur ?

BLANCHE. Mon amitié, monsieur le comte, ah! vous l'avez toute entière!

SCÈNE X.

LES MÊMES, BLANCHETTE.

BLANCHETTE. Pardon, je me retire.

BLANCHE. Pourquoi donc?... Viens bien vite m'embrasser, au contraire, et recevoir les reproches que tu mérites pour avoir tant tardé...

BLANCHETTE. Ce n'est pas ma faute, allez... j'ai assez tourmenté monsieur Braquet!

LE GÉNÉRAL. Je vous croyais repartie pour Paris, madame.

BLANCHETTE. Sans avoir revu mademoiselle Blanche et la bonne mère! Est-ce que c'était possible?...

LE GÉNÉRAL. Mais...

BLANCHETTE, *bas au général.* Rassurez-vous; monsieur Gaston m'a dit un mot, et avec moi ça suffit.

BLANCHE. Comment donc! des confidences, des secrets!... Et vous vous êtes vus tout à l'heure pour la première fois!

LE GÉNÉRAL. C'est... c'est une commande importante que j'avais faite au mari de madame, et elle me rendait compte.

BLANCHE, *souriant.* C'est bien, c'est bien, vous n'avez pas à m'en rendre, à moi... Mon père vous attend, général.

LE GÉNÉRAL. J'y cours mademoiselle.

BLANCHE, *tandis qu'il s'éloigne.* Oh! le digne homme!

SCÈNE XI.

BLANCHE, BLANCHETTE.

BLANCHETTE. Ce qu'on m'a annoncé est donc vrai?

BLANCHE. Quoi!

BLANCHETTE. Eh! mais, dame! votre mariage avec ce brave général.

BLANCHE. Mais du tout, je ne l'épouse pas... Et si tu m'as trouvée si contente, c'est parce qu'il venait de me dire qu'il renonçait à ma main.

BLANCHETTE. C'est singulier!... Vous ne l'aimez donc pas?

BLANCHE. Non... laissons cela, et parlons de toi. Es-tu heureuse?

BLANCHETTE. Oui !... Notre commerce va très-bien... Nous avons une belle boutique, un excellent coin... boîte de petite poste, débit de tabac, turc à la porte, un lustre de trois becs et une carcel sur le comptoir... c'est très-brillant le soir... Monsieur Braquet réussit dans tout ce qu'il entreprend.

AIR *du Ballet des Pierrots.*

Nous avons une cariole
Au service du magasin.
Le dimanche on la voit qui vole
Vers Belleville ou vers Pantin.
Avec une chance aussi belle
La calèche viendra, d'honneur !
Vous voyez bien, mademoiselle,
Que rien ne manque à mon bonheur !

BLANCHE. Je vois au moins que monsieur Braquet peut te rendre un jour très-riche.

BLANCHETTE. Et que voulez-vous donc que j'espère de plus avec un pareil homme ?... Ah ! si mon cousin Julien !... Mais n'y pensons plus, puisqu'il nous oublie lui-même !... Et puis d'ailleurs, il n'y a pas à s'en dédire... je suis madame Braquet... Ah ! mon Dieu oui !... Il ne me reste donc qu'à prendre mon... mari en patience, avec l'espèce de bonheur qu'il peut me donner !

BLANCHE. Mais il t'aime beaucoup, lui ?...

BLANCHETTE. Oui, d'un amour à lui, un genre à part... suivant le cours des denrées coloniales.

BLANCHE. Et il n'est pas jaloux ?

BLANCHETTE. Oh ! non... il n'a pas le temps... les affaires l'absorbent trop ! Mais je suis tranquille, ça viendra plus tard... Il faut bien qu'il se complète.

BLANCHE. En vérité, je t'admire ! Si tu n'es pas heureuse, au moins tu supportes ton malheur avec gaîté.

BLANCHETTE. Comment le supporterais-je sans cela ? Mais ce n'est pas assez encore ; ce qui étonne beaucoup de monde, les jeunes gens surtout, c'est que malgré tout j'ai résolu de rester sage ; et M. Braquet a tant de chance, que je ne désespère pas d'en venir à bout.

BLANCHE. Tu es folle.

BLANCHETTE. Heureusement !

BLANCHE. Je ne sais, mais il y a en toi quelque chose que je ne puis comprendre. Je te retrouve bien la même vivacité, les mêmes saillies qu'autrefois ; mais ton esprit a pris une tournure... On se forme vite à Paris.

BLANCHETTE. C'est vrai, surtout quand on a de bons maîtres.

BLANCHE. Des maîtres !... Comment, tu as eu le courage ?...

BLANCHETTE. Oui, vraiment... du moins, maintenant, si comme l'assure M. Braquet, je dois devenir un jour une grande dame, je ne serai peut-être pas trop au-dessous de ma condition. Je mets déjà très-proprement l'orthographe. Le soir, je pince de la guittare dans l'arrière-boutique, et je chante la romance à faire tourner les meilleures têtes du quartier.

BLANCHE. Ah ! tu as pris aussi un maître de chant ?

BLANCHETTE. Sans doute... ce qu'il y a de mieux... un joli brun à moustaches... Il paraît que c'est très-bon pour la musique, les moustaches, car tous ces messieurs en ont... C'est une rage !... Jusqu'à M. Braquet qui m'a menacée de laisser pousser les siennes !... Oh ! par exemple, je l'ai prévenu que s'il faisait cela, je ne répondais plus de rien.

BLANCHE. Et aime-t-il aussi la musique, lui ?

BLANCHETTE. Ne m'en parlez pas, il joue de la guimbarde !... Mais tenez, passons à autre chose... C'est dangereux de penser trop longtemps de suite à cet être-là !

AIR *du Vaudeville du Château perdu.*

Je vous l'ai dit, je veux demeurer sage.
C'est difficile, et pourtant, je le crois,
Malgré l'ennui de mon triste ménage,
J'y parviendrai, moins pour lui que pour moi.
Mais quand un homme est fait de ce modèle,
Ah ! quel que soit le courage qu'on ait,
Il faut pouvoir, pour lui rester fidèle,
De temps en temps l'oublier tout à fait.
Oui, croyez-moi, pour lui rester fidèle,
Il faut souvent l'oublier tout à fait.

SCENE XII.

LES MÊMES, LA MARQUISE.

LA MARQUISE. Blanchette !... Eh ! bonjour, mon enfant. (*Elle la baise au front.*) Toujours espiègle, gaie, spirituelle ?

BLANCHE. Plus que jamais, ma mère.

LA MARQUISE. Tant mieux ! A présent, du moins, sa gaieté ne fera pas disparate ici. Le bonheur est rentré dans cette maison. Ton père en a oublié sa goutte, et il serait déjà levé si nous l'avions laissé faire.

BLANCHETTE, *à part.* Pauvre homme, s'il savait !...

BRAQUET, *dans la coulisse.* Je vous dis qu'elle est ici.

BLANCHETTE, *à part.* Monsieur Braquet ! ah ! mon Dieu ! il va bavarder... Comment faire ?

SCÈNE XIII.

LES MÊMES, BRAQUET.

BRAQUET. Ah ! je vous retrouve enfin,

madame Braquet!... Eh! bien, j'en ai appris de belles!

BLANCHETTE. C'est bon, c'est bon, saluez ces dames, et allons-nous-en, car il est tard.

BRAQUET. Du tout, je ne veux pas m'en aller, moi, à présent!

LA MARQUISE, *gaiement*. Qu'avez-vous donc, monsieur Braquet? quelle est la cause de ce grand courroux?

BRAQUET. Je vais vous conter ça, madame la marquise.

BLANCHETTE, *bas*. Taisez-vous, au contraire, je vous en supplie!

BRAQUET. Ta, ta, ta. Je n'ai pas besoin de ménager votre général manchot, moi!... Imaginez-vous, madame la marquise, que j'avais envie de votre maison.

LA MARQUISE. Comment, monsieur?

BRAQUET. Dam! si l'affaire est bonne, autant que ce soit moi qui la fasse qu'un autre, n'est-ce pas?... Eh bien, ce damné Corse ne vient-il pas me faire faire une soi-disant commande, rien que pour m'éloigner d'ici, et me couper l'herbe sous le pied?

BLANCHETTE, *bas*. Par grâce!

BRAQUET, *sans l'écouter*. N'est-ce pas que c'est une horreur?... Et avant ça, n'avait-il pas eu le front de me dire que le procès ne se jugerait pas, que la maison ne serait pas vendue?

LA MARQUISE. Le général ne vous a dit que la vérité, monsieur.

BRAQUET. La vérité?

BLANCHETTE, *voulant l'entraîner*. Du moment que madame vous l'assure elle-même, en voilà assez! Venez donc.

BRAQUET. Mais puisque j'ai la la preuve du contraire...

LA MARQUISE. Est-il possible?

BRAQUET, *tirant une lettre de sa poche*. Une lettre qui m'annonce...

LA MARQUISE. Quoi donc?

BLANCHETTE, *arrachant la lettre*. Rien, il extravague. (*Avec autorité.*) Partons, monsieur.

LA MARQUISE. Non, non, qu'il s'explique... il le faut maintenant.

BRAQUET. Parbleu! l'explication est toute simple : non-seulement le procès est jugé, mais il est perdu par M. le marquis.

BLANCHETTE. Ne le croyez pas, madame.

LA MARQUISE. Montrez-moi cette lettre, Blanchette.

BLANCHETTE. Madame...

BLANCHE. Donne-la, va, le coup est porté!

LA MARQUISE, *après avoir parcouru la lettre*. Il est donc vrai! (*Elle tombe anéantie sur un fauteuil.*)

BLANCHE. Ma mère!

BLANCHETTE, *à Braquet*. Vous avez fait un beau chef-d'œuvre!

BRAQUET. Ah! bah! par moi ou par un autre, il fallait bien que la nouvelle finît par arriver, ainsi... Descendons toujours au jardin, pour compter les pieds d'arbres, voir si les murs de clôture sont en bon état, juger enfin à combien on peut porter l'enchère... Venez, madame Braquet, et surtout pas de sensiblerie hors de propos... si on s'arrêtait à ça, on ne ferait jamais d'affaires.

BLANCHETTE. Et vous en ferez toujours vous, n'est-ce pas?

BRAQUET. Je l'espère bien! Eh! eh!

BLANCHETTE. Prenez garde, monsieur Braquet, prenez garde!

BRAQUET. Garde à quoi?

BLANCHETTE. Je peux vous pardonner bien des ridicules, mais le manque de cœur, je ne vous le pardonnerais pas!

BRAQUET. Plaît-il!

BLANCHETTE, *à Blanche*. Ne vous désolez pas, mademoiselle... La maison vous restera, je le sais... Et puis d'ailleurs, le moulin de Germaine est là, Germaine, qui doit tant à votre famille!.. Et moi donc! oh! vous pouvez aussi compter sur moi, et pour toute la vie, entendez-vous?

BRAQUET. Mais venez donc, madame Braquet... vous étiez si pressée tout à l'heure!

BLANCHE, *lui montrant sa mère, qui est comme anéantie*. Oui, va, Blanchette... nous avons besoin d'être seules.

BRAQUET. C'est ça, descendant. (*Il veut prendre le bras de Blanchette.*)

BLANCHETTE. Laissez-moi! je vous déteste! (*Elle sort sans lui.*)

BRAQUET, *la suivant*. Madame Braquet, vous vous insurgez! Ah! mais! ah! mais!...

SCÈNE XIV.

LA MARQUISE, BLANCHE.

BLANCHE. A quoi pensez-vous, ma mère?

LA MARQUISE. Je cherchais à m'expliquer ce prétendu désistement de M. Fontbrune... Qui donc avait intérêt à nous tromper?

BLANCHE. J'ai tout deviné, moi : cet avoué... le général l'avait vu... je me rappelle, maintenant... Oui, oui, la transaction a été faite après coup... désespérant de vaincre autrement les nobles susceptibilités de mon père, le général a pris ce moyen pour déguiser un bienfait... Et je croyais le bien connaître!... ah! ma mère, il vaut cent fois mieux que je ne pensais!

LA MARQUISE. Oui, mon enfant... mais malheureusement, ses généreuses intentions ne peuvent avoir les suites qu'il en espère. Tôt ou tard, la vérité serait connue, et ton père ne nous pardonnerait pas de la lui avoir cachée. Il pouvait accepter un secours, un prêt, tant qu'il croyait avoir un jour les moyens de se libérer; mais un bienfait sans retour, de l'argent... donné! oh! non, non, mieux vaut la misère!

BLANCHE. La misère!.. je la supporterais, moi; j'ai du courage et le travail ne m'effraye pas... vous non plus, je le sais... mais mon vieux père... sa tête affaiblie, ses souffrances, l'aspect de notre dénument... Vous l'avez dit, ce serait sa mort!.. Et quelle mort, mon Dieu! la mort dans le désespoir!

LA MARQUISE, *avec une résignation affectée.* Prions donc pour lui, ma fille, puisque rien maintenant ne peut plus nous préserver du malheur!

BLANCHE. Rien?... Peut-être.

LA MARQUISE. Que veux-tu dire?

BLANCHE.

AIR *d'Aristippe.*

Ce qu'on ne peut, lorsqu'on a l'âme fière,
D'un étranger recevoir sans rougir,
D'un fils, sans honte, on l'accepte, ma mère...

LA MARQUISE.

Quoi! sans l'aimer à lui tu veux t'unir?
Ma pauvre enfant, ce serait trop souffrir?

BLANCHE.

Quand du malheur, à cette heure suprême,
Lui seul des miens peut détourner les coups,
Je le sens là, maintenant, ah! je l'aime
De tout l'amour que j'ai pour vous!

C'est lui!

SCÈNE XV.

LES MÊMES, LE GÉNÉRAL.

LE GÉNÉRAL. J'ai terminé avec le marquis, madame... Il a voulu absolument régler à l'instant même notre petit compte... Pour une semblable bagatelle, c'était vraiment trop se presser... Mais qu'avez-vous donc? vous semblez émue.

LA MARQUISE, *avec accablement.* Nous savons tout, monsieur le comte.

LE GÉNÉRAL. Comment?

BLANCHE. Oui, général, nous savons que vous êtes le meilleur des hommes!... J'ai repoussé vos vœux, cependant... Ce matin même encore, je vous ai affligé, irrité peut-être.

LE GÉNÉRAL. Affligé, oui; irrité, non. Je n'avais aucun droit sur votre cœur... Je m'étais abusé... J'avais espéré un bonheur que le ciel ne me réservait pas... Le tort était donc à moi seul... et je m'en suis puni.

BLANCHE, *sur la ritournelle du morceau suivant.* Et maintenant, monsieur le comte... si, pénétrée d'admiration, de reconnaissance, je... je vous offrais moi-même cette main que vous ne demandez plus.

LE GÉNÉRAL. Que dites-vous, mademoiselle?

BLANCHE, *s'efforçant de sourire.* Voilà ma main, monsieur le comte... la voulez-vous?

LE GÉNÉRAL, *portant la main à ses lèvres.* Blanche!... oh! merci, madame, merci!... Elle sera heureuse, je vous le promets! (*A ce moment, la porte du fond s'ouvre et on voit Braquet, Blanchette et Gaston qui s'arrêtent étonnés. La toile baisse sur ce tableau.*)

ACTE TROISIEME.

Le théâtre représente le cabinet du général à Paris. Au fond, porte principale; de chaque côté de cette porte, de riches bibliothèques. — A droite de l'acteur, porte communiquant à l'appartement du comte. A gauche, porte de l'appartement de la comtesse. — A gauche de l'acteur, au premier plan, grand bureau chargé de cartons, livres, papiers; de l'autre côté, une table en laque de Chine.

SCÈNE PREMIÈRE.

GASTON, UN DOMESTIQUE. (*Au lever du rideau, le domestique range les papiers sur le bureau et y place des journaux.*)

GASTON, *en entrant.* Mon oncle n'a pas encore sonné?

LE DOMESTIQUE. Non, monsieur.

GASTON. Pour quelle heure a-t-il demandé sa voiture?

LE DOMESTIQUE. Pour midi, monsieur.

GASTON. C'est bien; vous lui direz... Je l'entends, laissez-nous. (*Le domestique sort par le fond au moment où le général entre par la porte de droite.*)

SCÈNE II.

LE GÉNÉRAL, GASTON.

LE GÉNÉRAL. Ah! te voilà, mon ami!

GASTON. Je venais prendre vos ordres, mon oncle.

LE GÉNÉRAL. Je suis à toi... J'entre un moment chez la comtesse pour m'assurer si elle est assez bien remise des fatigues du voyage pour sortir ce matin. Elle a une foule d'emplettes à faire pour remonter à la hauteur du monde élégant de Paris. Cela se conçoit, après un an d'absence. Un an! c'est un arriéré d'un siècle en fait de modes!

GASTON. Pardon, mon oncle... Vous avez demandé votre voiture pour midi... Le journal annonce une réception extraordinaire, à l'occasion du premier jour de l'an de grâce mil huit cent quinze... Comptez-vous aller aux Tuileries?

LE GÉNÉRAL. Moi?... Oublies-tu donc que j'ai juré de n'y pas remettre les pieds depuis que l'empereur n'y est plus? Tiens, pendant que je serai chez Blanche, jette un coup d'œil sur ces papiers. (*Il lui remet un paquet non cacheté.*) Ils t'apprendront quel service tu es appelé à me rendre.

GASTON. Oui, mon oncle.

SCÈNE III.

GASTON, *seul.*

Je m'étais trompé : la meilleure harmonie continue à régner entre eux... Et cependant, l'air soucieux du comte, à son arrivée, hier soir, l'air contraint de la comtesse... c'était la fatigue du voyage, apparemment... Voyons ces papiers. (*Il s'assied près de la table, et parcourt successivement plusieurs papiers contenus dans une même enveloppe.*) Une lettre à son correspondant de Bastia... Il ne veut plus retourner en Corse... Un pouvoir général pour vendre tous les biens qu'il y possède... Il redoute pour la comtesse l'air vif de nos montagnes... Renoncer à son pays, dénaturer sa fortune, cela devient sérieux... Il aime donc bien cette femme! (*Prenant un dernier papier.*) Ah! ceci est pour moi... Il faut que je parte ce soir pour Bastia... C'est moi qu'il charge de l'exécution de ses projets. (*Se levant.*) Partir sans m'être assuré de ce qu'il y a réellement au fond de ces deux cœurs... Il est calme, radieux, ce matin... elle aussi, peut-être... Mais pourtant hier... (*Comme riant de lui-même.*) La fatigue... Nous verrons. (*Il remet les papiers dans leur enveloppe.*)

SCÈNE IV.

GASTON, LE GÉNÉRAL.

GASTON. Eh bien, mon oncle, la comtesse?

LE GÉNÉRAL. Elle est mieux, elle sortira... (*Il sonne.*) Elle achève sa toilette. (*Il s'assied à son bureau pour écrire.*)

GASTON, *à part.* Je lisais pourtant bien autrefois sur cette physionomie! (*Le domestique entre.*)

LE GÉNÉRAL. Attendez... Allons, Gaston, mets-moi maintenant au courant de ce qui s'est passé ici pendant notre absence. Donne-moi quelques détails sur nos amis, sur ce qu'on est convenu d'appeler des amis, au moins... Commence, si tu veux, par notre nouveau banquier, cet original de Braquet, à cause de sa femme, que la comtesse aime toujours beaucoup.

GASTON. Eh bien, alors, si nous commencions par la femme?

LE GÉNÉRAL. Soit... toujours jolie?

GASTON. Comme un ange! C'est aujourd'hui ce qu'il y a de mieux et de plus recherché dans tout Paris pour l'esprit, la grâce, les talents, car elle a fini par en acquérir... Du reste, légère, étourdie, moqueuse, coquette comme pas une, et toujours sage malgré cela.

LE GÉNÉRAL. Voilà ce qui vous désole, mauvais sujet.

GASTON. Moi et beaucoup d'autres, mon oncle.

LE GÉNÉRAL, *se levant.* Ce monsieur Braquet est vraiment bien heureux!

GASTON. Oui, il y a des grâces d'état.

LE GÉNÉRAL, *donnant une lettre au domestique.* Tenez, pour mon joaillier... (*Le domestique sort.*) Et, s'est-il formé, au moins, à l'exemple de sa femme? S'est-il décrassé un peu?

GASTON. Lui! il a changé de tailleur; voilà tout ce qu'on a pu en obtenir; et ses façons paraissent plus communes encore depuis que celles de ses habits le sont un peu moins; voilà pour la forme, et le fond ne vaut guère mieux; son esprit a toujours la même portée : les affaires. Hors de là, rien! Quant à son cœur... personne n'est encore bien sûr qu'il en ait un.

LE GÉNÉRAL. Et un pareil homme est aimé!

GASTON. Aimé, oh! non... ce serait un scandale... Mais au moins est-il sûr qu'on n'en aime pas d'autre... et c'est quelque chose que cette certitude.

LE GÉNÉRAL. Oui, sans doute!... (*Chan-

geant brusquement de ton.) As-tu lu les papiers que je t'ai remis ?

GASTON, *revenant aussi au ton sérieux.* Oui, mon oncle, et j'exécuterai ponctuellement vos ordres. Ce qui rendra un peu moins pénible pour moi notre nouvelle séparation, ce sera d'emporter, en vous quittant, l'assurance que je vous laisse calme, tranquille, heureux...

LE GÉNÉRAL, *lui prenant la main.* Gaston, tu ne crois pas ce que tu dis.

GASTON. Mon oncle...

LE GÉNÉRAL. Non, tu ne le crois pas, et tu as raison de ne pas le croire; je ne suis pas heureux, en effet.

GASTON. La comtesse, cependant...

LE GÉNÉRAL. Oh ! sa conduite est irréprochable, sa vertu à l'abri de tout soupçon !

GASTON. Eh bien ?

LE GÉNÉRAL. Eh bien !... écoute-moi, Gaston... Mais sur ta vie, que ce soit un secret entre nous... Je n'ai tenu aucun des engagements que j'avais pris avec moi-même, en épousant Blanche... Je suis jaloux, jaloux d'elle, comme je l'ai été...

GASTON. De celle qui, en effet, justifiait si cruellement votre défiance !... Mais ici...

LE GÉNÉRAL. C'est de la démence, vas-tu dire ! Eh bien ! oui, je suis fou... car c'est folie d'exiger d'une pauvre femme plus qu'elle ne peut donner !... Blanche est pure, candide, esclave de ses devoirs... Est-ce sa faute si elle ne m'aime pas ?

GASTON. Mais qui vous prouve qu'après l'estime et la reconnaissance, l'amour enfin ne viendra pas à son tour ? Il n'y a, en effet, rien dans le passé qui doive vous faire désespérer de l'avenir, car vous-même me l'avez dit souvent, si le cœur de mademoiselle de Vintimille n'a pas suivi le don de sa main, ce cœur du moins était libre (*appuyant.*) et n'avait jamais appartenu à personne avant vous.

LE GÉNÉRAL, *avec impatience.* Assez ! (*Il remonte la scène.*)

GASTON, *à part.* Je ne me trompais donc pas.

BLANCHE, *dans la coulisse.* Donnez-moi mon châle !

LE GÉNÉRAL, *redescendant.* C'est elle !... Laisse-nous.

GASTON. Oui, mon oncle... Je vais tout disposer pour mon prochain départ. (*Il salue la comtesse, qui entre en ce moment par la porte de gauche, et il sort par celle du fond.*)

SCENE V.

LE GÉNÉRAL, BLANCHE.

LE GÉNÉRAL, *à part.* Toujours le même abattement.

BLANCHE. Je venais vous dire que je suis prête, monsieur... Peut-être vous ai-je fait attendre.

LE GÉNÉRAL. Non, je n'ai demandé votre voiture que pour midi... Mais j'ai un autre reproche à vous faire.

BLANCHE. Un reproche, monsieur le comte ?

LE GÉNÉRAL. Oui, Blanche... Monsieur, monsieur le comte... que vous m'appeliez ainsi quand le monde nous entoure, c'est bien, puisque c'est l'usage; mais lorsque nous sommes seuls, ne pouvons-nous laisser cette froide, cette glaciale étiquette? Vous aviez promis cependant de m'appeler au moins votre ami... N'ai-je donc pas même encore mérité ce nom ?

BLANCHE. Ah ! qui mieux que vous le mérite de moi ?

LE GÉNÉRAL. Eh bien !

BLANCHE, *souriant.* Eh bien ! je ne l'oublierai plus.

LE GÉNÉRAL.

AIR : *Ce que j'éprouve en vous voyant.*

Oh ! ne souriez pas ainsi...
Car ce sourire sent la contrainte,
Et la tristesse, en vos yeux peinte,
Lui donne un cruel démenti !

BLANCHE.

Vous vous trompez, mons... mon ami.

LE GÉNÉRAL.

Vous le voyez le mot encor vous gêne...
Sur vos lèvres, souvent déjà,
Vainement ma voix l'appela,
Il y vient toujours avec peine !

BLANCHE.

Et cependant il est bien là,
N'en doutez pas, pour vous, il est bien là !
Jamais ce cœur ne l'oubliera !

LE GÉNÉRAL, *lui prenant la main.* Blanche, croyez-vous qu'il y ait au monde une femme plus tendrement chérie que vous ?

BLANCHE. Oh ! non, je ne le crois pas, et ma reconnaissance...

LE GÉNÉRAL. Reconnaissance... Ah ! cela fait mal à entendre de vous à moi !... Que je puisse vous croire heureuse, que je voie dans ces yeux, où chaque jour je cherche ma consolation, où je pourrais trouver toutes les joies du ciel, que j'y voie enfin un rayon de vrai bonheur !... Oh ! alors c'est moi qui vous devrais tout, car alors j'aurais l'espoir de votre amour!... Eh bien! encore des larmes!...

BLANCHE, *cherchant à se remettre.* Qui pourrait vous entendre sans émotion? Votre âme se peint si noble et si belle dans tous vos discours!

LE GÉNÉRAL. Blanche, vous voulez me tromper.

BLANCHE. Vous tromper, moi!

LE GÉNÉRAL. Oui, pour que je ne me fasse pas des reproches trop amers!... Ah! je n'aurais pas dû accepter votre sacrifice!

BLANCHE. Mon sacrifice!

LE GÉNÉRAL. Oui, oui, notre mariage n'a été que cela pour vous!... Chaque jour m'en apporte une nouvelle preuve... Vous ne m'aimez pas, vous ne m'aimerez jamais!

BLANCHE. Monsieur...

LE GÉNÉRAL. Et savez-vous ce que je me dis quand cette cruelle certitude vient m'assaillir?... Ah! que n'avons-nous encore la guerre, je me ferais tuer pour finir son supplice!

BLANCHE. Oh! monsieur!...

LE GÉNÉRAL. Elle serait libre alors, et pourrait enfin être heureuse... si elle en aimait un autre avant moi!

BLANCHE. Un autre!... Si le souvenir d'un autre avait jamais dû me faire oublier le sentiment de mes devoirs, je ne serais pas comtesse Avitti? Je croyais que vous m'estimiez, monsieur?

LE GÉNÉRAL. Blanche, pardonnez-moi... J'aurais dû renfermer toujours là cette détestable pensée; mais elle me torturait depuis si longtemps!

BLANCHE. Et qui donc a pu vous la donner?

LE GÉNÉRAL. Mais... cette tristesse que rien n'explique et qui vous poursuit partout.

BLANCHE. L'éloignement de ma famille...

LE GÉNÉRAL. Oui, c'est ce que vous m'avez dit déjà, durant notre séjour en Italie; aussi vous ai-je proposé aussitôt d'aller visiter vos parents dans les propriétés que la restauration vient de leur rendre en Provence. Nous les quittons à peine, et déjà... pendant le voyage même...

BLANCHE. Monsieur... je voulais vous le cacher, pour ne pas vous affliger; mais... je souffre souvent... En passant dernièrement à Montpellier, sans vous le dire, j'ai consulté...

LE GÉNÉRAL. Un célèbre docteur, je l'ai su... Mais il m'a répondu de vous, Blanche. Vous devez vivre, vivre longtemps, pour la joie de tous ceux qui vous connaissent... Des distractions nombreuses, des plaisirs, du bonheur, voilà, m'a-t-il dit, par quoi il faut combattre... Et pour premier bonheur, je vous apporte ici un soupçon, un soupçon odieux qui vous blesse, et dont je rougis maintenant moi-même!... Ah! c'est affreux!... Mais, pardon, pardon encore une fois! Oublions tout, chère Blanche, excepté l'ordonnance du docteur, pourtant... Et, pour commencer (*il sonne*) vos emplettes... je veux que vous éclipsiez toutes les femmes de votre âge et de votre rang! Ce plaisir-là ne sera pas pour vous: vous n'êtes pas coquette... il sera pour moi, qui suis heureux quand on vous admire! (*Au domestique qui paraît à la porte.*) La voiture!... Nous aurons à dîner sans façon le banquier Braquet, et votre bonne petite Blanchette; l'une fera passer l'autre. Ce soir, nous irons à l'Opéra... Ce n'est pas là non plus un plaisir bien vif; mais enfin il est encore de bon ton de trouver que c'en est un... Demain, nous tâcherons de faire mieux, et chaque jour un nouveau programme, bien varié, bien complet, chaque jour toutes mes pensées à vous, à votre bonheur!... Et peut-être enfin me pardonnerez-vous de vous tant aimer!

BLANCHE.

Même air que ci-dessus.

Vous pardonner... hélas! votre mépris
Me serait dû, si de tant de tendresse
Mon cœur ne s'appliquait sans cesse
A vous prouver que je sens tout le prix!
Plus que j'amais, oui, j'en sens tout le prix!

LE GÉNÉRAL.

Quand on espère, on peut attendre...
De l'amitié, que vous avez déjà,
La confiance un jour naîtra,
Et dans votre âme, un sentiment plus tendre
Enfin, peut-être, la suivra...
Oh! pour payer ce bonheur-là,
Toute ma vie à peine suffira!

Au domestique qui paraît.

Que voulez-vous?

LE DOMESTIQUE. M. Braquet demande si monsieur le comte est visible.

LE GÉNÉRAL. Comment!.. Mais je ne l'attendais que pour le dîner... (*Au domestique.*) Prévenez Gaston, il le recevra. (*Le domestique sort.*) Et nous, prenons vite le petit escalier pour éviter sa rencontre. (*Il donne à Blanche le châle qu'elle a mis en entrant sur le dos d'un fauteuil.*)

AIR: *Le voilà, le voilà.* (Clochette.)

Sauvons-nous! sauvons-nous!
Car cet homme stupide
Me serait insipide
En un moment si doux!

ENSEMBLE.

Sauvons-nous, sauvons-nous! (*Bis.*)

Il prend le bras de Blanche, et sort vivement avec elle par la petite porte de droite.

SCÈNE VI.

BRAQUET, GASTON.

BRAQUET, *ouvrant la porte du fond.* Eh ben! il s'enfuit! Ça n'est guère poli, par exemple!

GASTON. Mon oncle m'a chargé de l'excuser, monsieur, et de vous recevoir à sa place.

BRAQUET. C'est très-bien, mon cher ami, mais ce n'est pas la même chose.

GASTON. Cependant, si c'est pour une affaire, vous savez que j'ai toute sa confiance.

BRAQUET. A la bonne heure; mais c'est que... pour le genre d'affaire qui m'amène, d'après ce qui m'est revenu, je crois que le comte s'y entendrait mieux que vous... Vous ne vous en seriez jamais douté, mon cher monsieur Gaston... Eh bien! vous voyez en moi le plus malheureux des hommes!

GASTON. Ah! mon Dieu! Est-ce que les fonds...

BRAQUET, Non, au contraire, j'ai gagné hier cent mille francs sur les reports... C'est un autre malheur.

GASTON. Vraiment?

BRAQUET. Hélas! oui! C'est dur à avouer! Mais enfin, quand ça est... faut-il vous le dire?

GASTON. Si vous êtes venu pour cela...

BRAQUET. Sans doute, sans doute... Vous saurez donc que ma femme...

GASTON, *vivement.* Vous vous trompez, monsieur.

BRAQUET. Comment! je me trompe? Vous ne savez encore rien... Je vous dis que je suis jaloux.

GASTON. Ah! jaloux... seulement.

BRAQUET. C'est bien assez!

GASTON. J'espère au moins que ce n'est pas de moi?

BRAQUET. Aujourd'hui, non... Hier, je ne dis pas, j'étais encore dans le vague; vous, un autre, dix autres... Mais depuis ce matin... Tenez, regardez cette peinture. (*Il lui donne un médaillon.*)

GASTON. Quel est ce portrait?

BRAQUET. C'est lui!

GASTON. Mais qui, lui?

BRAQUET. Oh! pas grand' chose, presque rien, un petit cousin, le fils de la meunière Germaine, Julien Rimbert? Est-ce que vous ne le connaissez pas?

GASTON. Non, monsieur.

BRAQUET. Ah! c'est vrai, il était parti, quand vous êtes arrivé dans le pays... Mais la comtesse le connaît bien, elle.

GASTON, *avec intérêt.* Ah!

BRAQUET. Sans doute, c'est son frère de lait... il a été élevé au château.

GASTON. Élevé au château?...

BRAQUET. Oui, avec le fils du marquis.

GASTON. Fort bien. (*Regardant la miniature.*) Un joli homme!

BRAQUET. Vous trouvez? Ces dames aussi le trouvaient dans le temps. Je n'ai jamais été de leur avis, moi... je ne pouvais pas le souffrir!

GASTON. Ce serait donc avant votre mariage, que ce monsieur Julien?...

BRAQUET. Hélas! oui.

GASTON. Et depuis?

BRAQUET. Oh! depuis, il n'a pas reparu... Il y a même plus d'un an qu'on n'en avait entendu parler.

GASTON. Un an?... Mais où avez-vous donc trouvé ce portrait?

BRAQUET, *mystérieusement.* Dans le tiroir de sa toilette, l'infâme!

GASTON. Vous l'avez forcé?

BRAQUET. Par exemple! abîmer un meuble magnifique!... Avec ça qu'il était tout grand ouvert.

GASTON. Ah! il était ouvert?

BRAQUET. Oui! Eh bien, qu'est-ce que vous dites de tout ça, mon cher ami?

GASTON. Je dis... que vos soupçons n'ont pas le sens commun.

BRAQUET. Comment?

GASTON. Et je n'en veux pour preuve que le peu d'importance que votre femme attachait à la possession de ce portrait. Si elle se fût sentie coupable, elle l'eût mieux caché, soyez-en sûr.

BRAQUET. Oh! elle est si effrontée!

GASTON. Au surplus, si vous consentez à suivre exactement mes conseils, vous saurez avant peu à quoi vous en tenir... pour ce qui regarde monsieur Julien.

BRAQUET. Je ne demande pas mieux... Qu'est-ce qu'il faut que je fasse?

GASTON. Me laisser parler et agir.

BRAQUET. C'est facile.

GASTON. Dissimuler votre jalousie.

BRAQUET. J'entends.

GASTON. Composer votre physionomie, de manière à la rendre gracieuse, aimable, en présence de madame Braquet.

BRAQUET. Ah! diable! dans ma position, ça sera difficile... C'est égal, j'essaierai... Après?

GASTON. Après... je me charge du reste.

BRAQUET. A la bonne heure... et vous gardez le portrait?

GASTON, *le mettant dans la poche de son gilet.* Oui.

BRAQUET. Très-bien.

LE DOMESTIQUE, *annonçant.* Madame Braquet.

GASTON. Attention ! L'air aimable.

BRAQUET. Voilà. (*Il grimace un sourire en se dandinant.*)

SCÈNE VII.

LES MÊMES, BLANCHETTE.

GASTON, *allant au devant d'elle.* Eh ! bonjour, madame !... toujours fraîche et jolie, à tourner toutes les têtes !

BLANCHETTE. Flatteur !... La vôtre serait-elle là, par hasard ?

BRAQUET. Coquette !

BLANCHETTE. Ah ! vous étiez ici, monsieur... et je ne l'avais pas deviné !... A quoi sert donc la sympathie ?

BRAQUET. Pas de plaisanterie là dessus, s'il vous plait, madame ! Ça ne vous va pas du tout.

BLANCHETTE. Hein ?

BRAQUET, *à qui Gaston fait des signes.* Ah ! oui... non... je voulais dire... que j'étais venu pour une affaire.

BLANCHETTE. Je voudrais bien savoir où vous allez pour autre chose... A propos, je suis furieuse contre vous, monsieur.

BRAQUET. Furieuse, vous, et contre moi ? (*A Gaston.*) Comment trouvez-vous ça, hein ? (*Signe de Gaston.*) Ah ! oui.

BLANCHETTE. Croiriez-vous, Gaston... monsieur Gaston...

BRAQUET. Oh ! allez, allez... à présent, ça m'est égal.

BLANCHETTE. Ah !... Eh bien, Gaston, croiriez-vous que monsieur s'est mis sur les rangs pour la députation ?

BRAQUET. Et pourquoi pas ?

BLANCHETTE. Pourquoi pas ?... Mais parce que c'est impossible, parce que c'est incroyable, monsieur.

BRAQUET. Les électeurs ne sont pas de votre avis, madame.

BLANCHETTE. Ils sont si intelligents !...

BRAQUET. Ils payent trois cents francs d'impôts, madame : ça répond pour eux.

BLANCHETTE. Belle garantie !... Ah ça, mais de bonne foi, cependant, voyons, qu'avez-vous fait, vous, pour être député ?

BRAQUET. J'ai fait, j'ai fait... j'ai fait fortune.

BLANCHETTE. Ah ! c'est juste : j'oubliais que c'est le premier des titres aujourd'hui, et en mesurant le mérite, comme l'intelligence, à la cote des impositions, vous en avez évidemment beaucoup. Ce que je ne saisis pas très-bien, par exemple, dans cette manie de députation, c'est l'intérêt que vous pouvez y avoir.

BRAQUET. Comment, vous ne voyez pas que ça me fera faire beaucoup d'affaires ?

BLANCHETTE. Des affaires !

GASTON. Sans doute, celles du pays.

BRAQUET. Du tout. Les miennes, d'abord ; quant aux autres...

GASTON. C'est juste : pour les autres c'est assez de vos moments perdus.

BRAQUET. Précisément. Voilà comme j'entends la hose, moi ! Eh ! eh !

BLANCHETTE. Ah ça, mais que s'est-il donc passé entre vous ? Hier encore, vous ne pouviez vous entendre sur rien, et aujourd'hui l'accord le plus touchant... (*A Braquet.*) Il ne vous porte donc plus ombrage ?

BRAQUET. Lui ? Non, madame ; car il vient de me prouver, à l'instant même, qu'il était mon meilleur ami.

BLANCHETTE. Il vous a prouvé cela ? Prenez bien garde alors.

BRAQUET. Oh ! je suis tranquille : il peut à présent vous faire la cour tant qu'il voudra.

BLANCHETTE. Vraiment, vous lui donnez carte blanche ?

BRAQUET. Oui, madame. (*D'un ton solennel.*) Je compte sur lui.

BLANCHETTE. Sur lui ?... Il serait plus poli, et plus prudent peut-être de compter sur moi.

BRAQUET. Sur vous ! sur vous !... (*Signe de Gaston.*)

BLANCHETTE. Eh bien ?

BRAQUET. Eh bien ! oui, je compte sur vous aussi, sur lui, sur moi, sur tout le monde pendant que j'y suis !

BLANCHETTE, *à Gaston.* Qu'a-t-il donc ?

GASTON, *bas.* Je vous dirai cela... Il est exaspéré !

BLANCHETTE. Exaspéré... Oh ! mais c'est vrai, ses yeux... je n'avais pas remarqué d'abord... ah ! ah ! ah ! (*A Braquet.*) Regardez-moi donc un peu, monsieur... ah ! ah ! ah !

BRAQUET. Madame ! (*Elle lui éclate de rire au nez.*)

SCÈNE VIII.

LES MÊMES, BLANCHE, LE GÉNÉRAL.

BLANCHE, *donnant son châle et son chapeau au chasseur.* On est bien gai ici, ce me semble... Qui vous fait donc rire d'aussi bon cœur ?

BLANCHETTE. C'est... monsieur Braquet qui est exaspéré, à ce qu'il paraît... Je ne sais pas encore pourquoi ; mais il nous le dira sans doute tout à l'heure, et je suis sûre que ce sera très-divertissant.

BRAQUET, *avec une intention marquée.* Reste à savoir pour qui, madame.

BLANCHETTE, *l'imitant.* Nous serons charmés de l'apprendre, monsieur.

LE GÉNÉRAL. Comment, depuis un an que nous vous avons quittés, la paix n'est pas encore faite?

BLANCHETTE. La guerre est si amusante!... Et puis c'est bien moins gênant.

BRAQUET, *entre ses dents.* Patience! patience!

LE GÉNÉRAL. Vous dînez avec nous, c'est convenu... Ensuite nous allons ensemble à l'Opéra.

BLANCHETTE. Quant à l'Opéra, je vous demande grâce pour M. Braquet... quoiqu'il ait longtemps travaillé la guimbarde avec ardeur, il n'a pas du tout la bosse musicale... M. Gaston, qui est un vrai dilettante, lui, nous accompagnera à sa place. (*A Gaston.*) N'est-ce pas?

GASTON. Malheureusement, je ne pourrai avoir cet honneur, madame; car je pars ce soir pour la Corse.

BLANCHE. Il part!...

BRAQUET. Vous partez? (*Signe de Gaston.*) Ah! oui...

BLANCHETTE. Comment, général, vous nous l'enlevez au moment où mon mari vient de lui permettre officiellement de me faire la cour?... Ah! c'est mal.

LE GÉNÉRAL. Rassurez-vous, il pourra revenir bientôt user de la permission.

BLANCHETTE. A la bonne heure!

LE CHASSEUR, *annonçant.* Le joaillier de M. le comte.

BLANCHETTE. Qu'est-ce donc? Un écrin .. Ah! il est magnifique... (*A Braquet.*) Venez, monsieur, venez apprendre à vivre.

BRAQUET. Laissez-moi donc tranquille.

LE GÉNÉRAL, *au joaillier.* Un moment, monsieur... je vais vous remettre le montant de votre facture. (*Gaston, qui est à ce moment auprès du bureau, place vivement le portrait de Julien au dessus du tiroir que doit ouvrir le général, et rejoint ensuite Braquet.*)

BLANCHE, *lui remettant l'écrin.* Vous vous ruinez pour moi.

LE COMTE. Oh! nous avons encore de la marge; désirez seulement, voilà tout ce que je demande. (*Le général pose l'écrin sur le bureau, et au moment où il met la clef dans la serrure du tiroir, il fait un mouvement de surprise.*)

BLANCHE, *qui redescend.* Qu'avez-vous donc, mon ami?

LE GÉNÉRAL. Moi!... rien... ce portrait que je trouve là...

BLANCHE, *à part.* Julien!... (*Le général, frappé de l'impression que produit la vue du portrait sur sa femme, se remet, cependant, aussitôt, prend des billets de banque dans le tiroir, va payer le bijoutier, le conduit jusqu'à la porte, et la referme sur lui; il revient ensuite lentement près de Blanche.*)

BRAQUET, *à Gaston, pendant ce mouvement.* Eh! mais... c'est le nôtre!

GASTON. Oui... chut!

BRAQUET. Ça commence donc?...

GASTON. Vous le voyez bien... mais pour Dieu! taisez-vous!

BRAQUET. Ah! bon! oui... chut!... (*La musique cesse.*)

LE GÉNÉRAL, *à Blanche, avec une indifférence affectée.* Quel est donc ce portrait, madame?

BLANCHE. Ce portrait... je ne sais, je...

BLANCHETTE, *qui s'est rapprochée.* Mais il est à moi, monsieur...

LE GÉNÉRAL. A vous?

BRAQUET, *avec explosion.* Vous voyez... elle ose en convenir!

BLANCHETTE, *reprenant le médaillon des mains du général.* Et pourquoi n'en conviendrais-je pas?... Ce portrait m'a été remis par ma tante germaine pour le faire encadrer... au lieu d'un cadre ordinaire, j'ai commandé ce médaillon, et je devais le lui offrir pour ses étrennes... Tout cela est fort innocent, ce me semble!

GASTON, *bas.* Vous mentez comme un ange!

BLANCHETTE, *haut.* Mais du tout, monsieur, je ne mens pas!

BRAQUET. Quelle audace!

BLANCHETTE. Ce qui m'étonne, c'est qu'ayant laissé ce portrait chez moi, dans ma toilette, je le retrouve ici dans les mains de monsieur.

GASTON. C'est tout simple, madame, et je puis vous expliquer...

BLANCHETTE. Parlez donc vite, monsieur, car j'ai hâte, je l'avoue, de savoir le mot de cette énigme.

GASTON. Eh bien! c'est monsieur Braquet qui a eu l'indiscrétion coupable, j'en conviens, et il en est convenu lui-même...

BRAQUET. Du tout!

GASTON. Si fait... pourquoi le nier? Il avait des soupçons, des soupçons injustes, que j'ai combattus. Vous êtes arrivée alors, et tout animé qu'il était encore, au lieu de reprendre le médaillon, il l'a laissé là, sur le bureau, par mégarde... N'est-ce pas ainsi que tout s'est passé, monsieur?

BRAQUET. Oui, sans doute, par mégarde. (*A part.*) Où veut-il en venir? (*Le général *a écouté très-attentivement cette explication, qui a donné à Blanche le temps de se remettre tout à fait.)*

BLANCHETTE. Eh quoi! monsieur, vous seriez véritablement jaloux... mais là... sérieusement jaloux! Ah! tant mieux! Vous aurez donc enfin quelque chose d'humain... ce sera nouveau.

BRAQUET, *ne se contenant plus.* Ah! c'est trop fort! Apprenez, madame!

LE GÉNÉRAL. Calmez-vous, calmez-vous, monsieur Braquet. Je suis maintenant convaincu, comme Gaston, que vous avez tort.

BRAQUET. Vous aussi!... Mais puisque je vous dis...

GASTON. Oh! quand une fois une idée est entrée dans cette tête-là!..... Je croyais cependant que la nouvelle que je lui ai apprise devait achever de détruire, sinon sa rancune, puisqu'il s'y entête, du moins toutes ses craintes.

BLANCHETTE. Quelle nouvelle?

BRAQUET, *bas.* Vous m'avez appris une nouvelle?

GASTON, *de même.* Silence, donc!

BRAQUET, *à part.* Je serais bien curieux de savoir ce qu'il m'a appris.

BLANCHETTE. Eh bien! monsieur Gaston, cette nouvelle?

GASTON, *affectant l'embarras.* Pardon... Je n'ai pas assez réfléchi que quelqu'un ici pouvait tout naturellement s'intéresser beaucoup plus que monsieur au jeune Julien Rimbert... Et au risque de lui laisser ses inquiétudes, j'aurais dû peut-être ne pas dire...

BLANCHETTE, *vivement.* Mais à présent, vous ne pouvez plus vous taire, monsieur... Qu'est-il arrivé à Julien, voyons?

GASTON. Si ce n'était qu'un faux bruit, cependant...

BLANCHETTE. Mais parlez donc, monsieur, parlez donc!

GASTON. Puisque vous l'exigez, madame... On avait annoncé que dans un naufrage...

BLANCHE, *à part.* Un naufrage!

GASTON. Ce malheureux jeune homme...

BLANCHE, *s'oubliant.* Mort! Mon Dieu! *(Jetant rapidement les yeux sur son mari, elle s'aperçoit de son imprudence; elle s'appuie sur le dos d'un fauteuil pour se donner une contenance; mais ses larmes la suffoquent bientôt.)*

BLANCHETTE, *courant à elle.* Blanche!

BRAQUET, *bas, à Gaston.* Il est mort? *(Gaston lui fait signe de se taire, et lui montre Blanche et Blanchette.)* Ah! oui... *(A part.)* Je n'y suis plus du tout.

LE GÉNÉRAL. Cette émotion... Blanche... *(Lui prenant la main.)* Madame...

BLANCHE, *essuyant ses yeux et le regardant fixement.* Monsieur le comte?

LE GÉNÉRAL. Vous vous intéressiez donc beaucoup à ce jeune homme?

BLANCHE, *suffoquée de nouveau.* Monsieur...

BLANCHETTE. Et n'est-ce pas bien naturel?... Ah! je lui en voudrais si elle avait pu recevoir froidement une nouvelle aussi affreuse!... Ne savez-vous donc pas que c'était d'un ami d'enfance, presque d'un frère qu'on lui annonçait ainsi la mort?

LE GÉNÉRAL. Comment?

BRAQUET. Ça c'est vrai, c'était le frère de lait de madame la comtesse... Il avait été élevé dans sa famille. C'est là qu'il a pris les belles manières avec lesquelles il a tourné la tête de madame, le vil séducteur!

BLANCHETTE. Oh! taisez-vous, monsieur Braquet, vous devenez trop absurde!... Et vous, ma chère Blanche, ne pleurez plus... La nouvelle de M. Gaston est fausse... Non, notre bon Julien n'est pas mort... Tenez, voyez : voilà une lettre que sa mère m'a écrite ce matin même pour m'annoncer son prochain retour.

BLANCHE, *jetant les yeux sur la lettre.* Pauvre Germaine... Elle aussi serait morte!

BLANCHETTE, *gagnant le milieu de la scène.* Vous reconnaîtrez sans doute avec plaisir, monsieur Gaston, que vos informations étaient mal prises... Et si, par hasard, dans mon seul intérêt, je veux le croire, vous aviez imaginé vous-même cette nouvelle, uniquement pour calmer la ridicule jalousie de monsieur, j'aurais peut-être à vous en remercier à cause du motif; mais, tout en vous remerciant, je vous engagerais cependant, pour l'avenir, à ne plus tuer personne à mon intention. C'est pousser trop loin le zèle, et cela peut porter malheur! *(Elle retourne à Blanche qui lui rend sa lettre.)*

BRAQUET, *bas à Gaston.* Votre coup est manqué.

GASTON, *regardant le général.* Vous croyez? *(Musique.)*

UN DOMESTIQUE. Madame la comtesse est servie.

LE GÉNÉRAL. C'est bien.

BLANCHETTE. Allons, voyons, plus de tristesse... Personne ici n'a maintenant sujet d'en avoir, n'est-il pas vrai?... Votre bras, général... Le vôtre à la comtesse, monsieur le jaloux!... Nous allons passer une soirée délicieuse!... *(Avec intention.)* Quel dommage, monsieur Gaston, que vous partiez pour la Corse!... Nous serons heureux sans vous. *(Au général qui ne bouge pas.)* Eh bien! général...

LE GÉNÉRAL. Voilà madame. *(Il lui donne le bras et remonte avec elle.)*

GASTON, *à part.* Oh! maintenant, je ne partirai pas.

ACTE QUATRIÈME.

Le théâtre représente un petit salon très-riche à pans coupés. Trois grandes portes au fond. A droite, au premier plan, une cheminée. A gauche, petite porte latérale ; de chaque côté, une riche causeuse ; près de celle de droite, une petite table et ce qu'il faut pour écrire.

SCÈNE PREMIÈRE.

BLANCHETTE, BRAQUET. (*Au lever du rideau, Blanchette, en élégant peignoir, est assise sur la causeuse de droite, et parcourt un numéro du journal des modes. Braquet est debout, en arrière, et appuyé sur le dossier.*)

BRAQUET. Voilà donc qui est bien entendu, la paix est faite ?

BLANCHETTE. Si vous convenez de vos torts...

BRAQUET. Oui, oui, n'en parlons plus : ça prendrait du temps, et j'ai une affaire très pressée.

BLANCHETTE. Encore ?

BRAQUET. Toujours. (*A un domestique qui entre.*) Portez cet écrin chez mon épouse.

BLANCHETTE, *nonchalamment.* Un écrin?

BRAQUET. Sans doute. Vous m'avez dit d'apprendre à vivre, j'ai appris... Eh ! eh !

BLANCHETTE. Pas mal... (*Se levant.*) Voyons... (*Ouvrant l'écrin.*) Eh ! mais c'est même très-bien... (*Au domestique.*) Placez-le sur mon chiffonnier.

BRAQUET, *se frottant les mains.* J'espère que vous êtes contente de moi, hein ?...

BLANCHETTE. Oui, vous vous formez.

BRAQUET, *prenant sa main.* Avec ça, une occasion superbe !... une affaire d'or !...

BLANCHETTE, *retirant sa main.* Ah !... je vous croyais pressé.

BRAQUET, *reprenant sa main.* Oh ! pourvu que je sois à la questure avant sept heures pour retirer ma carte...

BLANCHETTE. Laissez-moi... Tenez, ce mot-là a tout gâté.

BRAQUET. Quel mot ?

BLANCHETTE. Eh ! celui qui me rappelle que ces dignes électeurs ont en effet consommé le sacrifice, que vous êtes député enfin !

BRAQUET. Eh bien ! où est le mal ?

BLANCHETTE. Le mal, le mal, je vous l'ai déjà dit : c'est que... cette infirmité nouvelle...

BRAQUET. Dignité, voulez-vous dire.

BLANCHETTE. Non, infirmité, je ne me trompe pas... Cette infirmité donc va mettre toutes les autres au grand jour... Vous serez couvert de ridicule, et j'aurai beau faire, cela déteindra toujours un peu sur moi.

BRAQUET. Comprends pas.

BLANCHETTE. Mais c'est évident, monsieur... Jusqu'à présent, vos défauts, vos travers, votre... nom, je veux être polie... tout cela enfin était presqu'un secret de famille. Si on en riait un peu, c'était à huis-clos du moins, au lieu que désormais vous allez être en représentation publique, sur la sellette de la petite presse, le point de mire de toutes les saillies, de toutes les épigrammes !

BRAQUET. Ça m'est bien égal, pourvu que ça ne m'empêche pas de faire mes affaires ! Eh ! eh !

BLANCHETTE. Vous ne pourrez ni tousser, ni éternuer, sans lire le lendemain dans dix journaux : L'honorable M. Braquet tousse, l'illustre député de Gonesse éternue.

BRAQUET. Eh bien ! quand on est enrhumé, est-ce que ça n'est pas naturel ?

BLANCHETTE. La coupe de votre habit, votre tournure, vos cheveux, vos oreilles, votre nez, jusqu'à la poussière de vos bottes, tout ce qui est important enfin, à ce qu'il paraît, dans un représentant de la nation, sera malicieusement passé en revue tous les jours.

BRAQUET. Qu'ils passent, qu'ils passent, moi, je tiendrai bon.

BLANCHETTE. Mais non, monsieur, vous n'y tiendrez pas.

AIR : *Je suis né, natif de Férare.*

Le trait malin dont on vous cingle
N'est, je le sais, qu'un coup d'épingle ;
Mais quand sur vous chaque matin,
Il lance son subtil venin,
Le coup d'épingle tue enfin !

BRAQUET.

Oui, je connais cette sentence :
Le ridicule tue en France !
Mais s'il fallait croire cela,
Combien de députés, oui dà,
Nous aurions enterrés déjà !

Je ne vous conseille donc pas de compter là-dessus pour devenir veuve, eh ! eh !

BLANCHETTE. Il ne vous manquerait plus maintenant que d'être baron !

BRAQUET. J'y ai pensé.

BLANCHETTE. Comment! vous achèteriez un titre, vous!

BRAQUET. Pourquoi pas, si ça rapporte plus que ça ne coûte?... Ça fait très-bien à la bourse une baronnie, dans la haute banque!... (*Lui prenant la taille.*) Et ça nous chagrinerait donc beaucoup d'être baronne?.. Eh! eh!

BLANCHETTE, *se dégageant.* Oh! monsieur...

BRAQUET. Quoi donc?

BLANCHETTE. Il doit être sept heures.

BRAQUET, *tirant sa montre.* C'est ma foi vrai. (*Prenant son chapeau.*) Il n'y a pas à dire, il faut que je vous quitte.

BLANCHETTE, *à part.* Enfin! (*Réplique de musique.*)

LE DOMESTIQUE, *annonçant.* Madame la comtesse Avitti.

BRAQUET. La comtesse! Ah! diable!

SCÈNE II.

LES MÊMES, BLANCHE.

BRAQUET.

AIR : *Ah! si madame me voyait.*

Charmé, comtesse, de vous voir...
Mais je ne puis me faire attendre;
A la chambre je dois me rendre...
Blanchette va vous recevoir,
Et nous nous reverrons ce soir!
A Blanchette.
Je cours, pour abréger l'absence!

BLANCHETTE.

Oui, vous courir... Pourquoi cela?
Vous le savez, j'ai de la patience,
Monsieur, quand vous n'êtes pas là!

BRAQUET. Charmante!... charmante!... Adieu, comtesse!... Eh! eh! (*Au domestique.*) A la chambre.

SCÈNE III.

BLANCHETTE, BLANCHE.

BLANCHE. Il est donc vraiment nommé?

BLANCHETTE. Hélas! oui, ils ont fait ce chef-d'œuvre!... Encore un!... Vous ne veniez pas m'annoncer, j'espère, que nous ne vous aurons pas à notre bal?

BLANCHE. Non, nous serons des vôtres... Le comte me l'a fait dire.

BLANCHETTE. Fait dire?

BLANCHE. Par son neveu.

BLANCHETTE. Fait dire!

BLANCHE. Ils dînent tous les deux chez le ministre, qui a envoyé ce matin même à M. Gaston son brevet de secrétaire d'ambassade. Ils viendront de là directement chez toi... Moi, je viendrai seule.

BLANCHETTE. Seule?... Mais vous paraissez souffrante.

BLANCHE. Oui, depuis cette scène.... Blanchette, j'avais besoin de te voir sans témoins... Tu as pour moi un attachement véritable... Tu m'as souvent dit de mettre ton dévouement à l'épreuve... Eh bien! je viens te demander un service.

BLANCHETTE. Parlez donc bien vite.

BLANCHE. Un service d'où dépend le repos de ma vie.

BLANCHETTE. Dût-il m'en coûter le repos de la mienne, je vous le rendrai.

BLANCHE. Que tu es bonne!

BLANCHETTE. J'attends.

BLANCHE. J'ai là un secret, vois-tu... un secret fatal!... et ce secret....

BLANCHETTE. Ne le dites pas, je le sais.

BLANCHE. Tu le sais?

BLANCHETTE. Oui, mon cœur l'a deviné; mais le comte ne soupçonne rien, lui, n'est-pas vrai?

BLANCHE. Hélas! si, je n'en puis plus douter.

BLANCHETTE. Ah! mon Dieu! il vous l'a dit?

BLANCHE, *avec accablement.* Non... il ne me parle pas... je l'ai à peine vu depuis ces trois jours, et jamais seul... un tiers est toujours là, son neveu, auquel sans doute il en a donné l'ordre... Plusieurs fois j'ai voulu essayer de lui faire rompre ce silence qui m'effraye... il me regarde alors avec une expression singulière, où l'on ne sait qui domine de la colère ou du mépris, et qui semble me dire : Oserez-vous?... Et je n'ose pas... je tremble, je rougis, comme si j'étais coupable... Dieu sait pourtant si je le suis!... Ah! si cela devait durer, je le sens, j'en mourrais!

BLANCHETTE. Pauvre Blanchette! Oui, il soupçonne, il est jaloux, et d'une jalousie corse, silencieuse jusqu'à ce qu'elle frappe!...

BLANCHE. Que dis-tu?

BLANCHETTE. Oh! rien, je suis folle... un roman que j'ai lu hier... Mais voyons, revenons au but de votre visite... Quel service attendez-vous de moi?

BLANCHE. Je voulais te prier... de lui écrire.

BLANCHETTE. A Julien?

BLANCHE. Oui... Germaine t'a annoncé son prochain retour...

BLANCHETTE. Eh bien!

BLANCHE. Eh bien... je voudrais que pour moi il pût le retarder, et si ce sacrifice lui était trop pénible, car il a sa mère à embrasser, pauvre Julien! dis lui que je le conjure de ne pas chercher à me voir, qu'il y va mon repos, de mon honneur... que je suis mariée, que j'estime... que j'aime mon mari... que je suis heureuse... Oui, dis-lui cela aussi, si ce peut être pour lui un motif de me fuir!

BLANCHETTE. J'écrirai, c'est convenu... Mais vous, reprenez de la fermeté, du courage, et surtout, défiez-vous de M. Gaston.

BLANCHE. De Gaston?

BLANCHETTE. Oui, c'est à lui, je n'en saurais douter, que nous devons cette déplorable scène du portrait... Préparé contre moi, en apparence, le piége n'était dressé que pour vous, soyez en sûre. Oui, oui, Gaston est votre ennemi; et qui le vôtre, dit le mien. Il le verra bientôt, car je lui ferai bonne guerre, je vous le promets.

BLANCHE. Mais c'est trop t'exposer, s'il est aussi est dangereux que tu le dis.

BLANCHETTE. Oh! j'espère que nous serons de force.

AIR : *L'humble toit de mon père.*

Lorsqu'il nous est connu, le danger diminue;
Cet homme est fourbe, adroit, son âme est sans pitié!
Oui, mais moi, je suis femme, et comme lui pourvue
De ruse et de sang-froid, j'ai de plus l'amitié!

Ayez donc confiance,
Je déjouerai ses coups;
Car, j'en ai l'assurance,
Le ciel sera pour nous!

BLANCHE, *à la reprise.*

En toi j'ai confiance,
Pour déjouer ses coups,
Quand tu prends ma défense,
Oui, Dieu sera pour nous!

Un domestique ouvre la porte du fond.

BLANCHETTE. Que voulez-vous?

LE DOMESTIQUE. Quelqu'un demande si madame est visible.

BLANCHETTE. Quelqu'un? qui, voyons?

LE DOMESTIQUE. Un étranger, un officier de marine.

BLANCHETTE. Mais son nom enfin?

LE DOMESTIQUE. M. Julien Rimbert.

BLANCHE ET BLANCHETTE, *ensemble.* Julien!

BLANCHETTE. Qu'il vienne! qu'il vienne vite! (*Le domestique sort.*)

BLANCHE. Mais je ne puis l'attendre, moi... Je ne dois pas le voir.

BLANCHETTE, *indiquant la petite porte de gauche.* Eh bien!... par mon boudoir, tenez... vous prendrez l'escalier de service.

AIR : *C'est un piége.* (Femme exposée.)

BLANCHE.

Trouble extrême,
Lui, que j'aime,
Il vient, et je dois le fuir!
De souffrance
Sa présence
Ici me ferait mourir!

BLANCHETTE.

Trouble extrême!
Lui qu'elle aime,
Elle doit, hélas! le fuir!
De souffrance
Sa présence
Ici la ferait mourir!

Blanche sort par la porte de gauche, au moment où Julien paraît à celle du fond. Il est en uniforme de lieutenant de vaisseau, et décoré.

SCÈNE IV.

BLANCHETTE, JULIEN.

BLANCHETTE, *allant au devant de lui.* Julien! C'est vous, mon bon Julien!

JULIEN. Blanchette!... (*Saluant*) Madame...

BLANCHETTE. Madame! eh! non, Blanchette, toujours Blanchette pour vous. Eh bien! vous ne m'embrassez pas?

JULIEN. Oh! de tout mon cœur.

BLANCHETTE. Qui donc vous a donné notre adresse?

JULIEN. Ma mère. J'ai commencé par elle: c'était mon devoir. Je n'ai pris ensuite que le temps de changer de chevaux, et je suis accouru ici.

BLANCHETTE. Et vous n'avez vu que votre mère avant de venir chez moi?

JULIEN. Je voulais passer chez le marquis... je dois tant à ses bontés!...

BLANCHETTE. Eh bien?

JULIEN. Ma mère m'a appris qu'il était parti avec sa famille... Elle n'a pu m'indiquer le lieu de leur retraite, mais elle m'a assuré que tu le connaissais.

BLANCHETTE, *à part.* C'est clair, elle n'a osé rien lui dire, et c'est moi qui serai forcée...

JULIEN. J'attends, ma bonne Blanchette.

BLANCHETTE, *à part.* Comment m'y prendre?

JULIEN. Hein?

BLANCHETTE, *montrant la causeuse de gauche.* Voyons... venez vous asseoir là, près de moi...

JULIEN. Pourquoi? Une adresse est sitôt dite!

BLANCHETTE. Une adresse, sans doute; mais... j'ai encore autre chose à vous apprendre.

JULIEN. Oh! d'abord, je n'ignore rien de tout ce qui te concerne, je t'en avertis; et j'aurais dû commencer par te féliciter, j'en conviens.

BLANCHETTE. Bien obligée... ce n'est pas la peine .. Asseyons-nous toujours.

JULIEN. Mais parle vite, au moins.

BLANCHETTE, *à part*. Allons!... (*Haut.*) Je sais tout, mon ami... oui, monsieur, je sais que vous n'avez jamais eu pour moi... que ce que j'ai moi-même aujourd'hui pour vous, une bonne et franche amitié. Votre amour, pauvre insensé, votre amour était à la fille noble, à Blanche de Vintimille.

JULIEN. Tu le sais?... Eh bien! oui, je l'aimais, je l'aimais follement, à l'idolâtrie!... Et qu'allais-je chercher au loin dans les honneurs, la richesse? Le droit, le seul droit de ne plus faire un secret de mon amour! Et je l'ai conquis, ce droit; oui, je puis l'aimer aujourd'hui à la face du monde!... Je reviens officier, décoré de l'étoile de l'honneur; je suis riche, même; car l'amiral dont j'étais l'aide-de-camp, et qui n'avait pas d'autre famille que moi, m'a fait son unique héritier. Et sais-tu pourquoi je bénis cette fortune? C'est parce qu'elle me donne les moyens de m'acquitter envers les parents de Blanche!... Ils ont éprouvé de grands désastres, m'a annoncé ma mère... eh bien! je les réparerai... Et je leur demanderai Blanche, et ils me l'accorderont, parce qu'aujourd'hui je suis digne d'elle!

BLANCHETTE. Germaine ne vous a pas tout dit, Julien... La situation des Vintimille n'est plus ce que vous croyez... Loin d'être pauvre, Blanche est comme vous riche, très-riche, aujourd'hui.

JULIEN. Et d'où leur est venu ce retour de fortune?

BLANCHETTE, *lui prenant la main.* Dites-moi, mon ami, si vous aviez vu votre excellente mère, votre mère que vous aimez tant, dans le dénument le plus absolu, malade, désespérée, presque morte, et si pour la sauver, pour la sauver, entendez-vous bien, il avait fallu sacrifier plus que votre vie, votre amour!...

JULIEN. Qu'entends-je!... Oh! tais-toi! tais-toi!...

BLANCHETTE. Répondez: vous, si bon, si tendre fils, pour sauver votre mère, qu'auriez-vous fait?

JULIEN. Mon Dieu! mon Dieu!

BLANCHETTE. Julien!...

JULIEN, *se levant*. Mariée!... mariée à un autre!... Ah! elle ne m'aimait pas, elle ne m'a jamais aimé!...

BLANCHETTE, *se levant aussi*. Plût à Dieu! Elle serait moins à plaindre aujourd'hui!

JULIEN. M'oublier, me trahir ainsi, moi qui ne vivais que pour elle, moi qui pour elle avais abandonné ma mère et mon pays!

BLANCHETTE. Julien, ne vous ai-je pas dit qu'elle était malheureuse?... Et elle vous aime encore, ingrat, et c'est là son plus grand malheur! car cet amour... cet amour peut la perdre!... Son mari...

JULIEN. Son mari?...

BLANCHETTE. Il a des soupçons... des soupçons sur vous... Il est jaloux enfin, et la jalousie d'un homme comme lui!... Le général Avitti est Corse... rien n'arrêterai sa vengeance, soyez-en sûr, s'il croyait avoir à se venger!

JULIEN. Et pensez-vous donc que je manque de courage, moi?

BLANCHETTE. Vous ai-je dit que je tremblais pour vous?... C'est pour elle, pauvre femme! Apprenez... oh! c'est horrible!... Elle ne le sait pas, elle, heureusement, et la préserve le ciel de l'apprendre jamais!... On m'a dit... ah! j'en frémis encore!... Sa première femme... sa première femme l'avait trahi, et lui... il l'a tuée!... Mon Dieu! et Blanche aussi, il la tuerait!

JULIEN. Blanche! la tuer!

BLANCHETTE. Eh bien! Julien, maintenant, que voulez-vous faire?

JULIEN. Je veux!... Ah! tu m'as porté là un coup bien cruel!... Ainsi donc plus d'espoir, plus d'avenir; tous mes rêves de bonheur sont à jamais détruits!... Et pas de vengeance, pas de vengeance possible pour moi!... Il la tuerait!... Ecoute, Blanchette, il n'est qu'un moyen de la sauver, je le vois bien... Il faut que je parte encore, que je m'expatrie de nouveau, et cette fois pour toujours!... Eh bien! je partirai, je partirai, seul avec mes regrets, avec un désespoir qui me tuera bientôt, j'espère... Et maintenant, dis-moi, crois-tu à mon amour?

BLANCHETTE. Je crois, Julien... que jamais homme n'a mérité mieux que vous d'être aimé!... Merci pour elle, mon ami. Je me chargerai de lui apprendre le nouveau sacrifice que vous faites à son repos.

JULIEN. Comment? Penses-tu donc que je doive partir sans la revoir, ne fût-ce qu'une fois?

BLANCHETTE. La prudence le conseille.

JULIEN. La prudence!... mais c'est impossible!... Partir sans l'avoir revue, elle, la pensée de toute ma vie!... Ah! cet effort serait au-dessus de mon courage!... Demande-moi de mourir, de me tuer; mais cela, oh! non, non, ne l'espère pas!

BLANCHETTE, *lui prenant la main*. Pauvre Julien! Ecoutez... au fait, un départ trop brusque aurait peut-être aussi ses inconvénients... Nous ne pouvons espérer que votre retour demeure ignoré du comte; on lui dit tout... Il saura donc que vous êtes venu aujourd'hui chez moi, que la comtesse aussi y est venue seule... Dès lors, votre éloignement immédiat pourrait paraître avoir été concerté entre nous uniquement pour détourner les soupçons... et ainsi, au lieu d'avoir porté remède au mal, il l'aurait augmenté...

JULIEN. Sans doute... Eh bien ?

BLANCHETTE. Vous verrez Blanche.

JULIEN. Ah !...

BLANCHETTE. Ici, ce soir... Nous avons une fête, un bal... elle y sera, vous y viendrez aussi.

JULIEN. Ma bonne Blanchette !

BLANCHETTE. Mais me promettez-vous au moins d'être assez maître de vous pour ne pas vous trahir en sa présence et celle du comte ?

JULIEN. Oh ! oui, oui, mon amour même m'en donnera la force !

BLANCHE. Quant à elle, je vais lui écrire pour la préparer à cette rencontre... Car ses moindres mouvements sont épiés, maintenant.

JULIEN. Pauvre Blanche !

BLANCHETTE, *écrivant.* Je vous présenterai au comte (*Elle sonne.*) Dans quelques jours, vous annoncerez votre prochain départ, pour une cause que nous trouverons... un mariage, tenez, oui, un mariage arrangé aux colonies, ce ne sera pas mal... (*Au domestique qui entre.*) Portez à l'instant ce billet à la comtesse Avitti... à elle-même, entendez-vous ? (*Se levant.*) Autre chose, à présent... ceci est moins terrible, et un peu de gaîté me revient en y pensant. Mon mari aussi est jaloux.

JULIEN. Et de qui donc ?

BLANCHETTE. Eh ! mon Dieu ! encore de vous... Et comme cette jalousie-là, si ridicule qu'elle soit, peut nous être utile, loin de chercher à la calmer, il faut aujourd'hui l'entretenir, l'exciter de notre mieux.

BRAQUET, *dans la coulisse.* Allumez donc les lustres !

BLANCHETTE. Le voilà... A nos rôles... Asseyons-nous. (*Elle prend place sur la causeuse à droite et Julien se met auprès d'elle. A ce moment, Braquet ouvre la porte du fond.*)

SCÈNE V.

LES MÊMES, BRAQUET.

BRAQUET, *à part,* Que vois-je ?.. Un officier, un marin avec ma femme !

BLANCHETTE, *bas.* Animez-vous un peu et prenez ma main.

BRAQUET, *à part.* Je n'ai pourtant invité personne dans la marine.

BLANCHETTE, *haut.* Vous dites ?... Mais certainement vous pouvez encore m'embrasser.

BRAQUET. Hein !

BLANCHETTE, *haut en se penchant vers Julien.* Deux fois, ce n'est pas trop pour une bienvenue ! (*Bas.*) Appuyez fort !... (*Il l'embrasse.*)

BRAQUET, *avec explosion.* Quelle horreur !

BLANCHETTE, *nonchalamment.* Ah ! vous voilà revenu de la chambre, monsieur ?

BRAQUET. Oui, madame, oui... et il paraît que j'arrive au bon moment !

BLANCHETTE, *se levant.* Vous avez donc vu que monsieur m'embrassait ?

BRAQUET. Dame ! à moins d'être aveugle, et sourd même !...

BLANCHETTE. Et ça vous a étonné peut-être ?

BRAQUET. Si ça m'a étonné !...

BLANCHETTE. C'est cependant bien naturel.

BRAQUET. Naturel !...

BLANCHETTE. Sans doute. Comment ! vous ne reconnaissez pas l'original du fameux portrait, ce bon Julien Rimbert !

BRAQUET. Ah ! c'est... monsieur Julien !

JULIEN. Moi-même, cousin, moi-même !

BRAQUET. Cousin, cousin...

BLANCHETTE. N'allez-vous pas nier la parenté ?... Vous m'approuverez, je pense, d'avoir songé à préparer pour lui un appartement dans votre hôtel.

BRAQUET. Vous allez le loger ici !

BLANCHETTE. Un parent si proche, et qui nous est si cher !... nous ne pouvions pas décemment nous dispenser de lui offrir l'hospitalité.

BRAQUET. Ah ! vous trouvez que c'est... décent ?

BLANCHETTE. C'était de rigueur, monsieur.

BRAQUET. A merveille ! (*A part.*) Ça marche ! ça marche !

BLANCHETTE. Hâtez-vous donc, cousin, de faire apporter ici votre bagage... Pendant ce temps, j'achèverai ma toilette... Je ne serai pas mal, vous verrez... On dit ici que je suis jolie ; pour vous, je veux l'être plus que jamais !... Oh ! mais rien que pour faire honneur à la famille.

BRAQUET, *à part.* Mais c'est un serpent que j'ai épousé là !

BLANCHETTE. N'oubliez pas surtout que nous ouvrons le bal ensemble.

BRAQUET, *à part.* J'ai des éblouissements !

ENSEMBLE.

AIR *d'Haïdée.*

BLANCHETTE.

Allons, partez... la dose est assez forte !
Il ne peut plus douter de son malheur...
Bientôt ici la fureur qui l'emporte,
Va dire à tous mon crime et sa douleur !

JULIEN.

Adieu ! je pars, la dose est assez forte,
Il ne peut plus douter de son malheur !
Mais plaisanter, rire ici de la sorte,
En ce moment c'est doubler ma douleur !

BRAQUET.

De leurs complots la preuve est assez forte !
Il ne revient que pour mon déshonneur !
Mais j'en réponds, avant peu notre porte
Sera fermée au nez du suborneur !

BLANCHETTE.

Après avoir bien fêté la cousine,
Il faut aussi bien fêter le cousin.
Embrassez-vous!

BRAQUET, *parlé.* Hein ?...

JULIEN.

Il suffit, j'imagine,
En bons amis, de nous serrer la main !

Julien serre la main de Braquet, qui fait une affreuse grimace.

BRAQUET, *parlé.* Il a bien fait de ne pas m'embrasser... je l'aurais mordu !

REPRISE DE L'ENSEMBLE.

Julien sort par le fond ; Blanchette gagne la petite porte de gauche ; Braquet exaspéré la suit.

BRAQUET, *sur la ritournelle.* Restez, madame ! restez !

BLANCHETTE. Allons donc ! et ma toilette ! (*Elle lui ferme la porte au nez.*)

SCÈNE VI.

BRAQUET, *seul*

Madame !... Ah ça, maintenant j'espère qu'on ne me dira plus que je me trompe... J'y suis bien tout au long cette fois !... Mais, patience ! ça ne se passera pas ainsi !... Dès demain, une séparation en bonne forme !... Allons chez mon huissier... (*On entend rire Blanchette.*) Dieu me pardonne, elle rit l'infâme !... elle ose rire... Riez, riez, madame ! Rira bien qui rira le dernier !...

SCÈNE VII.

BRAQUET, LE GÉNÉRAL *et* GASTON, *en costume de bal.*

LE GÉNÉRAL, *en entrant.* Qu'avez-vous donc, monsieur ?

BRAQUET. Ah ! mon cher comte !... mon cher Gaston !

GASTON. Qu'avez-vous enfin ?

BRAQUET. J'ai... j'ai... ce que vous souteniez que je n'avais pas, parbleu !... Oh ! maintenant, c'est clair comme le cours authentique de la Bourse !.. Ça crève les yeux !

GASTON, *riant.* Ah ! ah ! de nouveaux soupçons.

BRAQUET. Des soupçons !... Mais puisqu'il est ici !... puisque je les ai surpris ensemble... puisqu'il l'a embrassée... avec récidive !... puisqu'elle veut le loger sous mon propre toit, dans mon propre linge !... puisqu'il doit ouvrir le bal avec elle... le misérable !

GASTON. Qui ça ?

BRAQUET. Mais lui, lui, ce mauvais garnement, qui revient tout exprès d'Amérique pour...

GASTON. Ah ! Julien Rimbert... Eh bien ! mais de la part d'un cousin, je ne vois dans tout cela rien que de très-simple.

BRAQUET. Oui, c'est-à-dire que vous aussi vous croyez que les cousins... bien obligé !... Mais vous n'écoutez pas, mon cher comte.

LE GÉNÉRAL, *froidement.* Si fait, si fait. M. Julien Rimbert est de retour ; nous savions cela. Sa première visite a été pour votre femme, c'est dans l'ordre.

BRAQUET. Dans l'ordre ! Oh ! vous me feriez !... Comment ! quand je les ai vus là, tout à l'heure, à mon nez, à ma barbe !... Ah ! tiens, à propos, il faut que je la fasse... ma barbe ! Et puis mes bas de soie que j'ai encore à mettre... car nous avons le président de la chambre et trois pairs de France !... Et vous concevez que je ne peux pas les recevoir en bottes... Je reviens tout de suite... Ecoutez... en votre qualité de Corse, vous devez vous connaître en vengeance, vous !... Eh bien ! vous me direz comment je dois me venger !.. Oh ! les femmes ! les femmes !.. Je vais mettre mes bas de soie... (*Il continue à parler entre ses dents jusqu'à sa sortie par la porte du fond.*)

SCÈNE VIII.

GASTON, LE GÉNÉRAL.

LE GÉNÉRAL. Le sot !

GASTON. Eh ! mais il pourrait bien avoir plus raison que vous ne voulez le croire, mon oncle. Les termes même de cette lettre, que le hasard a fait tomber entre vos mains et par laquelle sa femme annonce à la comtesse le retour de ce M. Julien, semblent prouver...

LE GÉNÉRAL. Les termes de cette lettre ont été choisis pour le cas prévu où elle pourrait être interceptée.

GASTON. Oh ! c'est prêter bien de l'habileté à cette petite folle.

LE GÉNÉRAL. Pas plus qu'elle n'en a, sois-en sûr. Blanche est venue ici tantôt... il y a concert entre elles, te dis-je.

GASTON. Et moi, mon oncle, je persiste à ne pas le croire; non, ce serait trop odieux.

LE GÉNÉRAL. Brisons là.

GASTON. Mais ne jugerez-vous pas convenable, au moins, de faire parvenir cette lettre à la comtesse?

LE GÉNÉRAL. Non.

UN DOMESTIQUE, *annonçant*. Madame la comtesse Avitti.

SCÈNE IX.

LES MÊMES, BLANCHE.

BLANCHE, *à part, en entrant*. Le comte!

GASTON, *allant au devant d'elle*. Déjà! ma jolie tante!... Aviez-vous donc deviné que le général serait libre d'aussi bonne heure?

BLANCHE. Je craignais, au contraire, que M. le comte ne fût retenu plus longtemps... (*Moment de silence.*) C'est Blanchette qui m'avait recommandé...

GASTON. Et vous avez très-bien fait de vous rendre à son désir... pour nous, d'abord, qui avons le premier bénéfice de cet empressement.

BLANCHE. Il semblerait pourtant que M. le comte... (*Il la regarde, et elle n'ose poursuivre.*) Toujours ce regard qui me glace...

GASTON. Vous avez aujourd'hui, madame, une toilette délicieuse!... très-certainement vous éclipserez toutes les autres femmes.

BLANCHE. Hélas! ce n'est pas là le succès que j'ambitionne... on me rendra, j'espère, la justice de le croire... (*A part.*) Et pas un mot...

GASTON. Vraiment, il est impossible de rien voir de plus élégant, de plus riche que cette nouvelle parure... Mais regardez donc, mon oncle.

LE GÉNÉRAL, *qui parcourt la brochure que Blanchette a laissée sur la causeuse*. En effet!

BLANCHE. Vous m'aviez si souvent reproché de ne pas faire honneur à vos présents!...

LE GÉNÉRAL, *très-froidement*. Ce serait donc uniquement à cause de moi que vous vous seriez décidée à renoncer enfin, aujourd'hui, à votre simplicité habituelle? Je vous en remercie, madame.

GASTON. Ah! voici la reine du bal!... c'est véritablement un prodige que la métamorphose de cette petite bourgeoise! Je ne connais pas de duchesse qui ait meilleure façon.

SCÈNE X.

LES MÊMES, BLANCHETTE.

BLANCHETTE, *achevant de se ganter*. Bonjour, Blanche... Monsieur le comte... Ah! c'est aimable à vous d'être venu de bonne heure. (*A part.*) Cet air sombre... Oh! le coup du misérable a bien porté. (*Haut.*) Vous disiez, monsieur Gaston?

GASTON. Je disais ce que cent bouches vont répéter tout à l'heure, que vous êtes ravissante!

BLANCHETTE. Ravissante, adorable, n'avez-vous donc que ces deux mots au service de votre galanterie?... c'est monotone.

GASTON. Ah! vous me traitez mal. Vous avez quelque contrariété, et c'est moi qui en souffre, pauvre innocent!

BLANCHETTE. Pauvre innocent!... innocence de diplomate... Oui, je suis très-contrariée, en effet... c'est même plus qu'une contrariété, c'est un chagrin profond.

GASTON. Ah! mon Dieu! est-ce que votre marchande de modes vous a manqué de parole?

BLANCHETTE. Très-bien! Monsieur prend sa revanche. Voudriez-vous me déclarer la guerre, par hasard?

GASTON. Dieu m'en garde! je ne serais pas de force.

BLANCHETTE. Qu'en pensez-vous, monsieur le comte?

LE GÉNÉRAL. Moi, madame, je désire rester neutre.

BLANCHETTE. C'est d'un homme sage, prudent,.. Je retiens cette parole; et si les hostilités deviennent sérieuses, je vous la rappellerai.

SCÈNE XI.

LES MÊMES, BRAQUET, TOUTE LA SOCIÉTÉ.

Les trois portes du fond s'ouvrent à la fois et on voit les invités se promener dans le second salon. L'orchestre exécute une valse en sourdine.

BRAQUET, *ouvrant lui-même la porte du milieu*. Madame Braquet, mon épouse, où est-elle donc?

BLANCHETTE. Mais ici, monsieur!... Qu'y a-t-il encore?

BRAQUET. Il y a, il y a que le président de la chambre est arrivé, et qu'il faut que je vous présente.

BLANCHETTE. C'est bien! c'est bien! nous avons le temps.

BRAQUET. Le temps!... Permettez, permettez!... (*Blanchette, sans l'écouter, veut se rapprocher de Blanche, mais elle en est empêchée par le comte qui vient se placer devant elle.*)

BRAQUET, *à Gaston.* C'est clair, ce n'est pas le président qu'il lui faut à elle, c'est l'autre! Est-ce qu'il n'est pas encore arrivé?

GASTON. Non, monsieur, pas encore.

BRAQUET. Ah! tant mieux! s'il pouvait ne pas venir!

LE DOMESTIQUE, *annonçant dans le fond.* M. Julien Rimbert.

SCÈNE XII.

LES MÊMES, JULIEN.

BLANCHE. Lui! ici!..

LE GÉNÉRAL, *lui prenant la main.* Qu'est-ce donc?.. Votre main tremble... vous trouvez-vous plus mal, madame?

BLANCHE. Oui, monsieur, oui..... emmenez-moi, je vous prie.

LE GÉNÉRAL, *regardant Julien qui paraît au fond.* En ce moment, ce serait peu convenable.

BLANCHE, *à part.* Oh! ils veulent me faire mourir!

BLANCHETTE, *à part.* Ce trouble... elle n'a donc pas reçu ma lettre... En serait-on déjà là? N'importe, faisons bonne contenance. (*Elle remonte vers Julien.*)

JULIEN, *reconnaissant Blanche.* C'est elle!...

BLANCHETTE, *lui saisissant la main.* Prenez garde!.. (*Haut.*) C'est aimable à vous, monsieur, de vous faire attendre ainsi!.. aviez-vous donc oublié déjà nos engagements?.. Pour vous punir, vous ne danserez qu'avec moi toute la soirée.

BRAQUET, *à Gaston.* Voyez-vous la punition!

GASTON. Soyez tranquille, rien ne m'échappe.

BLANCHETTE, *amenant Julien près du général.* Monsieur le comte, je vous présente monsieur Julien Rimbert, mon cousin. Vous lui ferez, j'espère, bon accueil, à cause de moi d'abord, et puis aussi à cause de l'estime et de l'affection que lui portait la famille de Blanche.

JULIEN, *avec une émotion contenue.* Je comptais me présenter demain à votre hôtel, mon général, pour vous prier de me permettre d'offrir à la fille de mes bienfaiteurs l'hommage de ma respectueuse gratitude, et mes vœux pour son bonheur.

BLANCHE, *d'une voix tremblante.* Je vous remercie, monsieur Julien, pour ma famille et pour moi.

LE GÉNÉRAL. Madame la comtesse est complètement libre, monsieur, dans le choix des personnes qu'il peut lui convenir de recevoir. Notre porte vous sera sans doute ouverte, si tel est son désir.

BLANCHETTE. Oh! il n'abusera pas de la permission... il a si peu de temps à rester ici!.. Je vous le conduirai moi-même.

BRAQUET. C'est-à-dire qu'elle ne le quittera pas d'une minute! (*A ce moment, on se met en place pour la contredanse.*)

BLANCHETTE, *à Julien.* Allons ouvrir le bal, maintenant. (*Passant près de Gaston.*) Vous êtes un misérable!

BLANCHE, *regardant son mari, et tombant assise.* Ah!.. je suis perdue!

ACTE CINQUIEME

Le théâtre représente une chambre à coucher, à pans coupés, décorée dans un très-vieux style. Au fond, une alcôve; à droite de l'alcôve, une petite porte cintrée et vitrée dans sa partie supérieure. A droite de l'acteur, au premier plan, une porte-fenêtre, donnant sur une terrasse qui donne sur le jardin. A gauche, au deuxième plan, porte pleine, communiquant au reste de la maison. Au premier plan, à gauche, une toilette, fauteuils garnis de housses; un cordon de sonnette à la tête du lit, un autre près de la toilette.

SCÈNE PREMIERE.

LE GÉNÉRAL, BRAQUET, UN VIEUX DOMESTIQUE. (*Le vieux domestique entre le premier, portant deux bougies qu'il va placer sur la toilette. Le général et Braquet sont en costume de voyage, bottes et éperons.*)

LE GÉNÉRAL, *en entrant*. Quelle est cette chambre?

BRAQUET. Celle de ma femme. (*Au domestique.*) C'est bien celle qu'elle occupait l'été dernier, n'est-ce pas?

LE DOMESTIQUE. Oui, monsieur.

BRAQUET, *au général qui s'est assis*. Elle ne me plaît pas du tout à moi... Avec ça, qu'on en raconte des choses!.. Il paraît qu'il y est arrivé de grand malheurs. (*Ouvrant la porte vitrée, qui est à côté de l'alcôve.*) Tenez, entre autres, dans cette petite tourelle, qui servait autrefois d'oratoire, on dit qu'une des anciennes châtelaines a été tuée par son mari, qui en revenant de la Palestine...

LE GÉNÉRAL. Eh! monsieur, sommes-nous venus ici pour nous occuper de sottises pareilles?

BRAQUET. C'est juste.

LE GÉNÉRAL, *au domestique*. L'appartement de la comtesse?..

LE DOMESTIQUE. Est situé à l'autre angle du château, monsieur le comte.

LE GÉNÉRAL, *consultant un papier*. Y a-t-il dans cet appartement une porte donnant sur une terrasse comme ici?

BRAQUET. Du tout.. pourquoi demandez-vous ça?

LE GÉNÉRAL. Oh! rien... Pour quelle heure l'arrivée de ces dames vous est-elle annoncée?

LE DOMESTIQUE. Elles ne peuvent tarder, monsieur le comte, car le souper a été commandé pour dix heures.

LE GÉNÉRAL. Aussitôt qu'elles seront ici, vous viendrez nous prévenir.

LE DOMESTIQUE. Oui, monsieur le comte.

LE GÉNÉRAL, *se levant*. Et sur votre vie, ne dites rien de notre présence au château... Votre maître veut surprendre sa femme.

BRAQUET. Tu entends bien? Je veux la surprendre.

LE DOMESTIQUE. Oui, monsieur.

LE GÉNÉRAL. Laissez-nous.

BRAQUET. Oui, c'est ça, laisse-nous.

SCÈNE II.

LE GÉNÉRAL, BRAQUET. (*Le général va ouvrir la porte de la terrasse, et regarde dans le jardin. Il pousse ensuite cette porte, sans refermer l'espagnolette.*)

LE GÉNÉRAL, *à lui-même*. L'échelle est là... et le rendez-vous est pour minuit.

BRAQUET. Eh bien, mon cher comte, vous me répondez donc de me fournir aujourd'hui même les moyens de me venger de la perfide et de son damné cousin?

LE GÉNÉRAL, *se promenant*. Aujourd'hui, la vérité sera connue, et la coupable punie, je vous le promets.

BRAQUET. Ah! tant mieux! car je ne peux plus vivre comme ça, voyez-vous... Je manque toutes mes affaires, parole d'honneur!.. Ah ça, et votre neveu, est-ce qu'il ne viendra pas nous rejoindre?

LE GÉNÉRAL, *s'asseyant*. Il sera ici dans deux heures avec ma berline de voyage.

BRAQUET. Très-bien.. Mais qu'avez-vous donc?.. votre pâleur augmente... Voilà quinze jours déjà que je vous trouve tout changé... et tenez, depuis votre bal...

LE GÉNÉRAL. C'est que ce jour-là...

BRAQUET. Ce jour-là?..

LE GÉNÉRAL. Oh! rien... Un événement que je devais prévoir, une blessure rouverte...

BRAQUET. Une blessure?

LE GÉNÉRAL. Oui, un coup de feu, en pleine poitrine, reçu à Montmirail, et dont la guérison a été presque un miracle... Les médecins m'avaient bien dit de me tenir en garde contre les excès de fatigue, les émotions violentes, me prévenant que l'une ou l'autre de ces causes pourrait déterminer des accidents assez graves pour mettre de nouveau ma vie en danger.

BRAQUET. Mais c'est effrayant, ça!.. Excès de fatigue, émotion violente... Vous n'avez pas dansé du tout, c'est donc une émotion violente que vous avez eue... et cependant, je n'ai rien remarqué...

LE GÉNÉRAL. C'est bon, c'est bon; que vous importe la cause?.. la blessure s'est rouverte, voilà tout... et les médecins se sont trompés quant à la gravité de l'accident, puisque je ne suis pas mort.

BRAQUET. C'est vrai. Mais dans une position pareille, il me semble que faire six lieues à franc étrier, pour revenir d'Orléans ici, c'était très-imprudent!

LE GÉNÉRAL. Il le fallait.

BRAQUET. Et tout ça, pour moi!.. Ah! vous tenez bien de votre neveu, par exemple!.. C'est l'obligeance incarnée que ce garçon-là, et vous aussi, car enfin...

LE GÉNÉRAL. Eh! c'est trop vous occuper de lui et de moi. Revenons à l'objet qui nous amène.

BRAQUET. Oui, revenons-y

LE GÉNÉRAL. Avez vous bien retenu les instructions qui vous ont été données?

BRAQUET. Si je les ai retenues? (*Prenant un siége et se plaçant près du général.*) Pour plus de sûreté, j'ai tout inscrit... sur mon carnet d'échéances... (*Ouvrant le carnet.*) Tenez, là... à l'article des effets en souffrance... La page était en blanc, parce que je n'ai jamais rien souffert, moi, en fait de ça.

LE GÉNÉRAL. Abrégeons, abrégeons.

BRAQUET. J'abrége. (*Lisant*) 1° Se défier de l'annonce du prochain départ du cousin, qui n'est qu'une... j'ai mis le mot frime... ça n'est pas très-distingué, mais pour moi, ça exprimait mieux la chose.

LE GÉNÉRAL. Après, après?

BRAQUET. Voilà. (*Lisant.*) 2°... Autre frime... j'ai encore mis le mot... Annoncer, de mon côté, un voyage en commun avec le général, pour aller acheter de compte à demi une grande forêt en Corse... Dans un autre pays, nous aurions pu acheter autre chose; mais là, c'est ce qu'il y a de mieux.

LE GÉNÉRALE. Poursuivez donc!

BRAQUET. Je poursuis: 3° Engager madame Braquet..: Ah! c'est ici que la... toujours le même mot... devient profonde!.. Engager madame Braquet à passer le temps de notre absence avec la comtesse, dans mon château du Loiret... parce que là, on se croira plus libre, moins surveillée. Quelle profondeur!

LE GÉNÉRAL. Tout cela est fait, c'est bien.

BRAQUET. Certainement tout cela est fait, et très-bien fait, je m'en flatte!.. Nous sommes partis hier. Arrivés à Orléans, pour mieux dépister les soupçons, vous me faites écrire, *par la poste*, à ma coupable épouse.... de plus en plus profond... qu'après un repos de quelques heures, nous remonterons en berline pour reprendre notre course vers le midi... et au lieu de ça, vous me faites monter à cheval, ce qui ne me va pas beaucoup, vu le peu d'habitude, et après deux heures de galop, nous tombons ici comme deux bombes!.. C'est-à-dire que c'est prodigieux! (*Le général impatienté se lève et va à la croisée.*) Qu'est-ce que c'est?.. Vous avez entendu quelque chose?

LE GÉNÉRAL. Non, mais il me paraît au moins inutile d'écouter de ridicules commentaires sur tout ce que j'ai ordonné ou fait moi-même; et vous conviendrez qu'il faut avoir une cruelle démangeaison de parler!...

BRAQUET. Que voulez-vous? c'est à la chambre que j'ai gagné ça.

LE GÉNÉRAL. On vient.

BRAQUET. Vous croyez?.. Voilà le frisson qui me prend!.. Ah! c'est le vieux Pierre.

SCÈNE III.

LES MÊMES, LE VIEUX DOMESTIQUE.

LE GÉNÉRAL. Eh bien?

BRAQUET. Eh bien?

LE DOMESTIQUE. Ces dames arrivent à l'instant. Elles sont très-fatiguées et ne souperont pas... Madame la comtesse a voulu se retirer tout de suite dans son appartement, pour écrire à monsieur le comte.

BRAQUET. Digne femme!.. Ce n'est pas la mienne qui aurait de ces idées-là!.. (*Au général.*) Ah! vous êtes bien heureux, vous!

LE GÉNÉRAL. Taisez-vous donc!

BRAQUET. Oui, motus!

LE DOMESTIQUE, *à Braquet*. Madame a accompagné madame la comtesse et ne tardera pas à se rendre ici. (*Au général.*) Monsieur le comte n'a pas d'autres ordres à me donner?

LE GÉNÉRAL. Non... Quand on sonnera de cette chambre, vous reviendrez... et surtout n'oubliez pas les recommandations que je vous ai faites. (*Le domestique s'incline et sort.*)

BRAQUET. N'oublie rien, entends-tu?

SCENE IV.

LE GÉNÉRAL, BRAQUET.

LE GÉNÉRAL, *regardant sa montre*. Onze heures.

BRAQUET. Elle va donc venir!.. Qu'est-ce qu'il faudra lui dire, hein?

LE GÉNÉRAL. Vous lui direz que vous m'avez confié le soin de vos intérêts; que c'est avec moi qu'elle aura à s'expliquer sans détour.

BRAQUET. Et moi, pendant ce temps-là?..

LE GÉNÉRAL. Vous sortirez.

BRAQUET. Tout à fait?

LE GÉNÉRAL. Sans doute... Je vous ferai savoir quand vous pourrez nous rejoindre.

BRAQUET. Je vois ce que c'est; vous craignez la violence de mon caractère!.. Le fait est que dans des moments pareils... Oh!

BLANCHETTE, *dans la coulisse.* Donnez-moi cette bougie.

BRAQUET. C'est elle!.. elle monte le petit escalier.

BLANCHETTE, *toujours dans la coulisse.* C'est bien... Allez prendre les ordres de la comtesse... je me passerai de vous.

BRAQUET. Vous entendez, elle renvoie sa femme de chambre... preuve qu'elle attend quelqu'un, l'infâme!.. Vous avez raison, je m'en irai, car je ferais un malheur! (*Ils se retirent tous deux dans le fond et se trouvent cachés par les rideaux de l'alcôve.*)

SCÈNE V.

LES MÊMES, BLANCHETTE. (*Blanchette entre une bougie à la main; elle met la clef en dedans, donne un double tour et pousse une targette.*)

BRAQUET. Voyez-vous!.. le double tour?

LE GÉNÉRAL, Chut!..

BRAQUET. Et la targette!.. quelle horreur! (*Blanchette va poserl a bougie sur la toilette Braquet heurte un fauteuil.*)

BLANCHETTE, *se retournant.* Que vois-je?.. (*A part.*) Tout est perdu!.. (*Braquet s'approche, croise les bras, et la regarde fixement. Le général la salue*). Vous ici, messieurs!.. En vérité, je ne sais que penser... un retour si prompt, si imprévu!..

BRAQUET. Ah! ah! ce n'est pas nous que vous attendiez, madame!

BLANCHETTE. Franchement, non; je vous avoue que je n'espérais pas le bonheur de vous revoir si tôt!

BRAQUET. Le bonheur!... perfide!...

BLANCHETTE. Voulez-vous que je dise l'ennui?

BRAQUET. Madame!...

BLANCHETTE. Si vous n'êtes venu que pour recommencer vos scènes ridicules, j'aurais le droit de le dire, en effet... N'est-ce pas, monsieur le comte?

LE GÉNÉRAL, *très-froidement.* Un motif sérieux nous ramène, madame.

BRAQUET, *l'imitant.* Un motif très-sérieux, madame!

BLANCHETTE. Cela vous est donc tout à fait étranger, monsieur?

BRAQUET. Madame, M. le comte a à vous parler... vous lui répondrez comme à moi-même... c'est-à-dire mieux qu'à moi-même. Je lui ai donné mes pleins pouvoirs, madame.

BLANCHETTE. Mais c'est une tyrannie... Enfin, messieurs, que voulez-vous, voyons? Votre arrivée mystérieuse, votre présence dans mon appartement, cette espèce de guet-apens... oui, oh! cela peut s'appeler ainsi... C'est sans doute quelque nouvelle machination contre une pauvre femme, à présent sans défense; mais, j'en suis sûre, elle tournera encore à la confusion de son auteur.

LE GÉNÉRAL. Nous verrons, madame.

BRAQUET. Nous verrons, madame.

BLANCHETTE. Oh! ce n'est plus supportable!.. Vous êtes chez moi, messieurs, voulez-vous que je me retire?

LE GÉNÉRAL. Non, madame; mais rassurez-vous, nous sommes encore loin de l'heure.

BLANCHETTE, *déconcertée.* Comment, monsieur?

LE GÉNÉRAL, *à Braquet.* Laissez-nous, maintenant... Madame consent à m'entendre.

AIR :

LE GÉNÉRAL.

Un seul mot dans son cœur
A jeté la terreur!
Et trahi par l'effroi,
Son secret est à moi!

BLANCHETTE.

Il sait tout! Ah! mon cœur
Tremble ici de terreur!
A dompter cet effroi,
Dieu puissant aide-moi!

BRAQUET.

Plus de doute, ah! son cœur,
Tout tremblant de terreur,
Dit assez, par ma foi,
Ce qu'elle a fait pour moi!

Il sort en indiquant à Blanchette qu'elle est devant son juge.

SCÈNE VI.

LE GÉNÉRAL, BLANCHETTE.

BLANCHETTE, *essayant de sourire.* Je vous écoute, monsieur le comte. Mon mari vous a donc chargé de me dire?...

LE GÉNÉRAL. Il n'est plus là, madame: ce manége est désormais inutile...

BLANCHETTE. Monsieur!...

LE GÉNÉRAL. Vous devinez fort bien que

ce n'est ni de lui ni de sa part que j'ai à vous parler; car vous devez savoir que personne n'apprécie mieux que moi l'injustice de ses soupçons à votre égard.

BLANCHETTE. Eh bien! alors, monsieur le comte, je ne puis comprendre...

LE GÉNÉRAL, *sévèrement.* Vous ne comprenez pas que je sais tout, madame?

BLANCHETTE. Vous savez?...

LE GÉNÉRAL. Je sais que je suis indignement trahi.

BLANCHETTE. Mais c'est une infâme calomnie, monsieur!... Par tout ce qu'il y a de sacré au monde, sur ma vie, Blanche est innocente!

LE GÉNÉRAL. Innocente!... (*Lui montrant deux lettres.*) Veuillez jeter les yeux sur ces deux lettres: l'une est de cet homme: il demande un rendez-vous; l'autre est de vous: le rendez-vous est accordé... et c'est ici, à minuit, qu'il doit venir par cette terrasse... et l'échelle est à la place indiquée... vous voyez bien que je sais tout, madame.

BLANCHETTE. Mais ces lettres, monsieur...

LE GÉNÉRAL. Sont des copies très-exactes de celles qui sont parvenues à vous et à lui... car le rendez-vous devait avoir lieu: je voulais qu'il eût lieu... Eh bien, madame?

BLANCHETTE, *lui rendant les lettres.* Eh bien, je vois, monsieur, qu'on n'a rien négligé pour me perdre.

LE GÉNÉRAL. Vous?

BLANCHETTE. Sans doute, car ces lettres n'accusent que moi; et elles ne pouvaient accuser que moi, en effet, puisque seule je suis coupable.

LE GÉNÉRAL. Oui, oh! vos précautions étaient bien prises!... Pour qui ne sait rien, elles ne disent, en effet, que ce que vous vouliez leur faire dire; pour qui sait, elles disent plus. Et je sais, moi, je vous le répète, je sais que c'est Blanche qui aimait ce jeune homme; je sais qu'elle en était aimée. C'est donc bien elle qu'il voulait voir, et c'est pour elle que vous avez promis.

BLANCHETTE. Pour elle?

LE GÉNÉRAL, *avec force et autorité.* Pour elle, vous dis-je... Et la dernière preuve qui me manque, je l'aurai tout à l'heure.

BLANCHETTE, *tremblante.* Monsieur, monsieur, écoutez!... vous saurez la vérité, toute la vérité... Car on ne peut vous tromper, je le vois bien.

LE GÉNÉRAL. Ah! vous convenez donc enfin, que vous vouliez me tromper, qu'elle est coupable!

BLANCHETTE. Coupable!... Oh! non, je n'ai pas dit cela... Non, non, sur le salut de mon âme, elle ne l'est pas!... mais j'avais peur... (*Le regardant avec effroi.*) Je vous connais, monsieur.

LE GÉNÉRAL. Vous me connaissez?

BLANCHETTE. Oui, oui, je sais trop jusqu'où la jalousie peut vous conduire!... Et en ce moment même, vous êtes encore armé, peut-être?... (*Silence.*) Mon Dieu!... mais vous ne l'aimez donc pas?

LE GÉNÉRAL. Je ne l'aime pas!... Ah! vous ne pouvez comprendre, vous, frivole, légère, ce qu'est l'amour dans un cœur comme le mien!... Je ne l'aime pas! moi, qui aurais donné ma vie, s'il avait fallu ma vie pour son bonheur, pour son amour!... Madame, avez-vous vu pleurer un homme? eh bien, j'ai pleuré, moi, vieux soldat, pleuré comme un faible enfant à la première idée de sa trahison!... Et en ce moment encore, les larmes que vous ne voyez pas dans mes yeux, elles sont là... Elles retombent sur mon cœur et le brûlent!... Et je ne l'aime pas!... Oh! si mon Dieu! je l'aime! je l'aime, comme jamais femme n'a été aimée!... Mais si je suis trahi pourtant, malheur sur elle! et malheur sur moi!

BLANCHETTE. Et il hériterait, lui!... voilà ce qu'il veut.

LE GÉNÉRAL. Prenez garde, madame. Accuser Gaston, ce n'est pas justifier la comtesse.

BLANCHETTE. Eh bien, non, je ne l'accuserai plus... je n'accuserai que moi, moi, dont la fatale imprudence a tout fait.

LE GÉNÉRAL. Vous aviez promis de dire la vérité.

BLANCHETTE. Et je la dis, monsieur. Oh! croyez-moi!... au nom du ciel, croyez-moi!... Blanche ignore tout... Lui, je savais où pouvait le porter le désespoir, si je refusais ce qu'il demandait... Mais l'entrevue aurait eu lieu devant moi, monsieur... C'était un adieu, un adieu éternel... et je ne pensais pas que ce fût un crime!... Et cependant j'avais renoncé... oui, au moment de prévenir Blanche... tout à l'heure, tenez,... je l'ai vue, comme toujours, si pénétrée de ses devoirs... elle vous écrivait, monsieur... Je n'ai osé rien lui dire alors... et elle ne sait rien, rien, je vous le répète. Voilà la vérité, monsieur le comte, toute la vérité, comme je la dirais à mon heure dernière! (*Regardant avec inquiétude le comte, qui reste impassible.*) Oh! mais, vous ne me croyez pas encore... Que faire donc pour vous convaincre?

LE GÉNÉRAL, *très-froidement.* Je vais vous le dire, madame. Vous allez faire prier la comtesse de venir vous joindre.

BLANCHETTE. Oui, monsieur.

LE GÉNÉRAL. Vous trouverez un prétexte pour changer d'appartement avec elle.

BLANCHETTE. Comment?... mais quel prétexte?

LE GÉNÉRAL. Oh! vous trouverez : vous avez l'esprit ingénieux... Moi, je me tiendrai dans cette bibliothèque, d'où l'on peut tout voir et tout entendre.

BLANCHETTE. Vous voulez...

LE GÉNÉRAL. Si, comme vous l'avez dit, la comtesse est innocente, si elle n'a été prévenue de rien, je pourrai facilement le reconnaître.

BLANCHETTE. Mais, c'est impossible, monsieur.

LE GÉNÉRAL. Impossible?

BLANCHETTE.

AIR :

Lui tendre ici, moi-même, un pareil piége,
Sans qu'un seul mot l'éclaire sur son sort!
Vous la laisser, sans que rien la protége
Contre une erreur qui peut causer la mort!
Moi, l'appeler, à cette heure suprême,
Sur un abîme entr'ouvert sous ses pas.
J'aimerais mieux, cent fois, mourir moi-même!
Non, monsieur, non, elle ne viendra pas.

LE GÉNÉRAL. Mais si vous êtes aussi convaincue de son innocence que vous le dites, que craignez-vous donc pour elle? Songez-y bien, madame, ce sont vos terreurs mêmes qui l'accusent ici plus que tout le reste, et votre refus... votre refus la perdrait.

BLANCHETTE. Grand Dieu! que faire?... Ecoutez, monsieur... Je suis sûre d'elle, comme de moi-même... Oh! elle ne m'aurait pas trompée... oui, oui, elle peut venir, elle viendra.

LE GÉNÉRAL. Vous la sauvez, madame.

BLANCHETTE, *d'une voix suppliante.* Mais lui, monsieur le comte, lui qui sera sans défiance, comme elle... Lui, qui l'aimait avant que son amour pût être une offense pour vous... C'est sur une lettre de moi, sa parente, son amie, qu'il sera venu à ce fatal rendez-vous... et il sera désarmé, monsieur... Oh! un homme désarmé!...

LE GÉNÉRAL. Qu'elle soit innocente, et il ne me verra pas, je vous le promets. (*Silence.*) Je puis donc sonner?

BLANCHETTE. Oui, monsieur. (*Musique jusqu'à l'entrée de Blanche.*)

LE GÉNÉRAL, *après avoir sonné.* Vous me laisserez donner l'ordre.

BLANCHETTE. Oui, monsieur. (*A part.*) Quelle épreuve, mon Dieu!... (*Elle va vers la terrasse.*)

LE GÉNÉRAL. Qu'allez-vous faire?

BLANCHETTE. Fermer cette porte.

LE GÉNÉRAL. Pourquoi?

BLANCHETTE. L'air de la nuit est si frais!

LE GÉNÉRAL. Mais il est étouffant au contraire... Il faut que cette porte reste ainsi.

BLANCHETTE. Mais, monsieur...

LE GÉNÉRAL. Silence, on vient. (*Au vieux domestique qui entre.*) Dites à la comtesse que madame la prie de venir la trouver à l'instant. Pas un mot de plus. (*Le vieux domestique s'incline et sort.—A Blanchette.*) Vous allez donc proposer à la comtesse le changement d'appartement, et vous la quitterez aussitôt, car le temps marche, et nous n'avons plus que peu d'instants à nous... Et surtout, pas un mot, pas un geste qui l'avertisse de ma présence!... Ce mot, ce geste me prouveraient sa faute, et alors...

BLANCHETTE, *tremblante et avec larmes.* Monsieur...

LE GÉNÉRAL. Oh! si vous vous montrez troublée de la sorte, si votre physionomie est ainsi bouleversée, vous perdez tout! Pour elle, madame, pour elle, entendez-vous, il vous faut du calme, du sang-froid... Rappelez-vous bien que c'est vous maintenant qui allez disposer de sa vie!

BLANCHETTE, *essuyant ses yeux.* Oui, monsieur... soyez tranquille... l'idée même de son danger me donnera du courage... Oh! mais, c'est bien cruel!

LE GÉNÉRAL, *à la porte de gauche.* Elle approche... (*Revenant à Blanchette.*) N'oubliez pas que je serai là, que je verrai, que j'entendrai tout... Ne l'oubliez pas, madame!

BLANCHETTE. Oh! non, monsieur, je ne l'oublierai pas.

LE GÉNÉRAL, *à part.* Et maintenant fasse le ciel qu'elle soit innocente! (*Il entre dans la bibliothèque et referme la porte sur lui.*)

BLANCHETTE. Des forces, mon Dieu! des forces. (*Blanche paraît à la porte de gauche. La musique cesse.*)

SCENE VII.

BLANCHETTE, BLANCHE.

BLANCHE. Tu m'as demandée?

BLANCHETTE. Oui, ma bonne Blanche.

BLANCHE. Mais qu'as-tu donc, tu parais souffrante?

BLANCHETTE, *tournant les yeux vers la bibliothèque.* Moi?... oui, une migraine, une migraine affreuse... l'orage qui se prépare peut-être... tenez, voyez le ciel est déjà sombre....

BLANCHE. Mais si tu souffres, il faut sonner ta femme de chambre.

BLANCHETTE, *l'arrêtant.* Non, non, c'est inutile... cela passera... je me sens déjà un peu mieux... Je vous ai dérangée?

BLANCHE. Non, je venais d'achever ma lettre à mon mari.

BLANCHETTE. Ah!... Et que lui mandez-vous?

BLANCHE. Je lui annonce notre arrivée ici. Je lui dis combien j'ai été heureuse, avant son départ, de le voir redevenir pour moi plus bienveillant, plus affectueux; combien j'avais souffert de son changement... Perdre l'estime et la tendresse d'un homme si digne de tendresse et d'estime, ah! c'était un malheur au-dessus de mes forces : j'y aurais succombé.

BLANCHETTE. Je le crois. Il y a en vous un sentiment de vos devoirs si profond, une affection pour lui si vraie, si pure!.. (*Se tournant vers la bibliothèque.*) Ah! je voudrais qu'il pût vous entendre!

BLANCHE. Il me lira, et il sera content, je l'espère. Avec lui j'écris mieux que je ne parle : il y a dans son regard quelque chose de pénétrant qui me trouble, quoique je n'aie rien à me reprocher, tu le sais bien, toi!

BLANCHETTE. Ah! certes, et s'il est juste, il vous rendra heureuse, car jamais femme n'a mieux mérité de l'être!.. (*A part.*) Oh! je puis la laisser. (*Haut.*) Il est tard, Blanche.

BLANCHE. Oui, minuit bientôt.

BLANCHETTE. Vous allez être surprise de ce que j'ai à vous proposer.

BLANCHE. Qu'est-ce donc?

BLANCHETTE. C'est... de prendre cet appartement, et de me céder le vôtre.

BLANCHE. Et pourquoi cela?

BLANCHETTE. C'est que... mon mari avait d'abord décidé qu'il en serait ainsi, et... il est si singulier qu'il est capable de me soupçonner encore quelque motif condamnable pour avoir changé ses dispositions... Après tout ce qui est arrivé, je ne voudrais pas fournir de prétexte à de nouvelles querelles... et si cela ne vous contrariait pas trop...

BLANCHE. Me contrarier, mais du tout.. je serai fort bien ici.

BLANCHETTE, *lui serrant la main.* A revoir donc.

BLANCHE. Si tu n'allais pas mieux, fais-moi appeler, entends-tu?

BLANCHETTE. Oh! je suis plus calme maintenant... Cela ira bien, j'espère... Bonsoir, ma bonne Blanche.

BLANCHE. Bonsoir bonne sœur... à demain. (*Elle va à la fenêtre pour la fermer. Quant à Blanchette, au moment de s'éloigner, elle s'arrête et regarde avec terreur la bibliothèque.*)

BLANCHETTE, *à part.* Je suis bien sûre d'elle, et pourtant, je ne puis la quitter sans frémir!... Car Julien qui ignorera tout aussi... il l'aime tant! Un mot, une imprudence... et elle serait perdue!...

BLANCHE, *se retournant après avoir fermé.* Je te croyais partie; mais, mon Dieu! qu'as-tu donc? tu trembles... et tu pâlis encore!

BLANCHETTE, *regardant la bibliothèque.* Moi? mais non du tout.

BLANCHE. Oh! tu ne me quitteras pas ainsi. . je veux te suivre...

BLANCHETTE. Non, non, restez... il le faut... il faut que je sois seule... Mais, Blanche... vous priez chaque soir, m'avez-vous dit, pour votre famille et votre mari...

BLANCHE. N'est-ce pas un devoir et bien doux à remplir?

BLANCHETTE. Eh bien! priez aussi Dieu pour moi... Priez-le de me pardonner la faute que j'ai commise...

BLANCHE. Toi?

BLANCHETTE. Et d'éloigner le malheur de cette maison!

BLANCHE. Que veux-tu dire?

AIR : *A qui pardonne sur la terre.* (Part du Diable.)

Dieu qui vous écoute,
Comme un ange aux cieux,
Daignera, sans doute,
Accomplir vos vœux!
Quand votre prière
Vers lui montera,
Oh! oui, je l'espère,
Il me pardonnera!
A Dieu faites votre prière,
Et sa bonté l'exaucera!

BLANCHE.

S'il daigne exaucer ma prière,
Ah! toujours Dieu te bénira!

Blanchette sort, et referme aussitôt la porte.

SCÈNE VIII.

BLANCHE *seule.*

Pauvre Blanchette! qu'a-t-elle donc? Est-ce qu'en effet un malheur la menace? Mais quel malheur?... Ne sommes-nous pas là?... Une faute, a-t-elle dit.. Elle? oh! non, c'est impossible... Mais qu'est-ce donc enfin?... Je ne sais, son trouble m'a gagnée malgré moi... je suis maintenant tremblante et souffrante comme elle!... (*On entend sonner l'heure et le tonnerre qui gronde au lointain. La musique reprend le motif du dernier couplet.*) Minuit!... Cette cloche aussi me fait mal!... ah! on étouffe ici!... (*Elle va rouvrir la porte de la terrasse. A ce moment, la porte de la bibliothèque s'agite.*) Que cette chambre est sombre!... Voyons, visitons tout... je serai plus tranquille. (*Elle va ouvrir la porte d'entrée, et regarde dans le corridor. Elle referme la porte, et pousse la targette. Elle regarde ensuite derrière les rideaux de l'al cöve. Elle pose enfin la main sur la clef de la bibliothèque, et va ouvrir, quand Julien paraît sur la terrasse.)*

SCÈNE IX.

BLANCHE, JULIEN.

BLANCHE, *se retournant avec effroi.* Qui est là?... Ah!... vous, monsieur, vous ici!... à une pareille heure!... Ce changement d'appartement, c'était donc un piége?... Et Blanchette a pu consentir!... ah! c'est odieux!... Retirez-vous à l'instant, ou je sonne, j'appelle!...

JULIEN. Au nom du ciel, madame, un mot, un seul, et je m'éloigne, pour ne jamais reparaître à vos yeux!... Je croyais trouver ici ma cousine avec vous... Elle devait être témoin de mes derniers adieux, du serment que je devais faire, non de vous oublier, un cœur comme le mien n'oublie pas!... mais de condamner mon amour à un éternel silence; d'immoler à votre repos, à votre honneur, toutes mes illusions, tout mon avenir!... Avant de consommer ce sacrifice, avant de quitter une seconde fois pour vous mon pays et ma mère, ma pauvre vieille mère, qui en mourra peut-être... je n'ai demandé qu'une grâce: le bonheur de vous revoir une dernière fois!... Elle ne vous l'a donc pas dit?

BLANCHE. Elle savait bien que j'aurais refusé; que c'était mon devoir. Le sien, elle l'a méconnu, en ne vous détournant pas d'une tentative coupable, et en me faisant, à mon insu, sa complice et la vôtre. Voilà donc la cause de son trouble? Me compromettre si cruellement!

JULIEN. Elle me savait si malheureux!

BLANCHE. Ecoutez, monsieur Julien... Il ne dépend ni de vous ni de moi d'effacer le passé; mais ce qui dépend de nous, c'est de respecter la condition que le ciel m'a faite. Vous avez pu vous croire aimé, vous l'avez été. Mais aujourd'hui, je suis comtesse Avitti; j'ai fait devant Dieu un serment que je tiendrai en honnête femme. J'estime et... j'aime mon mari, monsieur, je lui suis liée par quelque chose de plus puissant que le devoir, la reconnaissance. Jugez donc maintenant ce que votre présence ici a de pénible et d'offensant pour moi!

JULIEN. Je me retire, madame... Mais avant, souffrez que je vous prévienne des dangers que vous pouvez courir.

BLANCHE. Des dangers?

JULIEN. Vous avez un ennemi, un ennemi implacable, et qui a juré votre perte!

BLANCHE. Je le sais.

JULIEN. Et le comte...

BLANCHE. Le comte jugera entre nous. Il est juste, je n'ai rien à craindre.

JULIEN. Hélas! vous ne savez pas tout!... Un horrible secret... J'avais promis de vous le taire; mais en ce moment...

BLANCHE. Je le sais aussi, monsieur... Un homme noble, généreux, plein d'honneur, a été indignement trahi par une misérable femme! Il a tué la femme adultère et son complice. Cet homme a bien fait... Et quand il m'a été révélé ce secret de ses anciennes douleurs, c'est pour lui que j'ai ressenti de la pitié, non pour elle, puisqu'elle était coupable! Mais je ne le suis pas, moi... qu'aurais-je donc à craindre?

JULIEN. Et ne peut-on vous calomnier, le tromper?

BLANCHE. Il m'entendrait au moins, et je n'aurais rien à en redouter, je vous le répète, puisqu'il est juste. S'il devait ne plus l'être, oh! alors, croyez-moi, il est des épreuves dans la vie où l'âme la plus faible se fait forte par la conscience de sa pureté; je ne tremblerais pas. Non, je le verrais là, irrité, menaçant, le fer levé sur moi, que je ne tremblerais pas encore. Je suis innocente, lui dirais-je, et en prononçant ces mots, il y aurait un tel calme dans mes yeux, un tel accent de vérité dans ma voix, qu'il serait forcé de me croire, et le fer, j'en suis sûre, tomberait à l'instant de sa main. *(Bruit léger dans la bibliothèque.)* Quel est ce bruit?

JULIEN, *montrant la porte de la terrasse.* Un battant de cette porte qui a heurté l'autre.

BLANCHE, *indiquant la bibliothèque.* Il m'avait semblé que c'était là... *(Après avoir prêté l'oreille.)* Rien... je me serai trompée.

JULIEN, *après un moment de silence.* Il faut donc partir, madame?... Vous dire un éternel adieu?

BLANCHE. Il le faut.

JULIEN. Quelle différence entre ce départ et le premier!...

MÊME AIR *qu'à la scène du premier acte.*

Tout me donnait, ce jour-là, du courage,
Car j'emportais l'espoir de votre amour!
C'était alors une absence, un voyage,
Et, maintenant, c'est l'exil sans retour!
Adieu, madame... adieu, ma belle France!
Adieu, doux rêve, et brillant avenir!
Ma mère, adieu... gardez mon souvenir.
N'attendez plus... je pars, sans espérance,
Et cette fois pour ne pas revenir!

BLANCHE. Pourquoi donc, monsieur Julien?

MÊME AIR.

C'est mon repos, mon honneur et ma vie,
Que votre absence ici protégera,
Vous pourrez donc revoir votre patrie,
Quand pour souffrir je ne serai plus là.

JULIEN, *parlé*. Que dites-vous?

BLANCHE.

Tant de douleurs, sans vaincre ma constance,
Ont épuisé ma force... et l'avenir,
Pour Blanche, hélas! est bien près de finir!...
Partez, Julien, partez... j'ai l'assurance
Qu'ici bientôt vous pourrez revenir!

L'orchestre continue.

JULIEN, *s'éloignant*. Adieu, madame, adieu!

BLANCHE, *se détournant pour cacher ses larmes*. Adieu! (*Bruit de chute dans la bibliothèque. La porte est agitée.*)

JULIEN. Qu'entends-je?

BLANCHE. Oh! cette fois, je ne me trompe pas, c'est bien là!... Voyez, voyez, j'ai peur! (*Au moment où Julien remonte vers le cabinet, Blanchette paraît du côté opposé, avec Braquet et Gaston.*)

SCÈNE X.

LES MÊMES, BLANCHETTE, BRAQUET, GASTON.

BLANCHETTE, *en entrant*. Qu'y a-t-il? Vous avez sonné?

BLANCHE. Non, mais nous avons entendu...

BLANCHETTE. Ce ne peut être que lui, alors.

BLANCHE. Qui donc?

BLANCHETTE. Le comte.

BLANCHE. Le comte!..... Et où est-il donc?

BLANCHETTE. Là.

BLANCHE. Là?

BLANCHETTE. Oui, il savait tout; et il a voulu, vous voir, vous entendre...

BLANCHE. Ah! oui, toujours ses soupçons... Eh bien! ils l'ont du moins bien inspiré cette fois, et j'en bénis le ciel! car il ne pourra plus me soupçonner maintenant... Mais pourquoi ne vient-il pas?... (*Elle remonte la scène.*)

BLANCHETTE, *l'arrêtant*. Attendez. (*Elle entre dans le cabinet.*)

BLANCHE. Restez, Julien, restez, pour être témoin de la justice que ce noble cœur va me rendre. Vous partirez ensuite, et nous ne nous reverrons plus. (*A Braquet.*) Restez également, monsieur, et vous saurez, enfin, combien, vous aussi, vous avez été injuste.

BRAQUET. Oui, madame.

BLANCHE, *avec une dignité calme*. Quant à vous, monsieur Gaston, moins que personne vous pouvez vous éloigner en ce moment. Restez, monsieur, je vous l'ordonne. (*A ce moment, Blanchette paraît à la porte du cabinet, pâle, les yeux en larmes, et tenant un papier à la main.*)

BLANCHE, *effrayée*. Seule!... Mais pourquoi donc ne vient-il pas, lui?

BLANCHETTE, *l'empêchant d'entrer*. Arrêtez!... Il n'y est plus.

BLANCHE. Il n'y est plus?... Blanchette, ton trouble, ta pâleur... Ah! quel nouveau malheur va donc me frapper encore?

BLANCHETTE. Tenez... ce billet... est pour vous.

BLANCHE. Pour moi... que signifie?..., (*Lisant.*) « Blanche, j'ai tout entendu, et » j'ai reconnu avec bonheur que vous avez » toujours conservé autant de droits à mon » estime qu'à ma tendresse... J'ai compris, » enfin, en vous écoutant, tout ce que vous va» liez, et tout ce que j'allais perdre!... » Que veut-il dire?... (*Blanchette lui fait signe de continuer.*) « C'était trop de joie, après tant » de souffrance, et cette joie me tue!... » Juste ciel!... (*Elle fait un mouvement vers le cabinet.*)

BRAQUET. Ah! je devine... c'est cette malheureuse blessure!... une fois déjà... Mais tout espoir n'est peut-être pas perdu... Je cours chercher...

BLANCHE. Oui, oui, courez, monsieur, courez!... (*Se dirigeant de nouveau vers le cabinet.*) Ah! le ciel ne voudra pas!...

BLANCHETE, *la retenant après un signe fait à Braquet*. Restez, Blanche... nous n'avons plus qu'à prier pour lui!

BLANCHE, *tombant à genoux, tournée vers l'entrée du cabinet*. Ah! je suis donc maudite!

BLANCHETTE, *qui a repris la lettre*. Écoutez, écoutez tous... (*Lisant, avec larmes.*) « Je remercie Dieu de me laisser au moins le » temps et la force de réparer ici tous mes » torts envers sa plus angélique créature!... » A toi, ma Blanche bien-aimée, toute ma » fortune... A un autre le soin de ton bon» heur... puisqu'il ne pouvait te venir de » moi... Adieu, Blanche, sois bénie! » (*A Gaston.*) Voilà votre ouvrage, monsieur; mais le ciel est juste, vous n'hériterez pas.

FIN.

Paris. — Imprimerie DONDEY-DUPRÉ, rue Saint-Louis, 46, au Marais.

L'HONNEUR DE MA MÈRE, drame en 3 actes.
INDIANA, drame en 5 actes.
L'ILE D'AMOUR, drame vaudeville en 3 actes.
LES IMPRESSIONS DE VOYAGE, vaudeville en 2 actes.
IVAN DE RUSSIE, tragédie.
JACQUES LE CORSAIRE, drame en 5 actes.
JACQUES COEUR, *idem.*
JEANNE D'ARC EN PRISON, vaudeville en 1 acte.
JEANNE DE FLANDRE, drame en 5 actes.
JEANNE DE NAPLES, *idem.*
JEANNE HACHETTE, drame en 5 actes.
JE SERAI COMÉDIEN, comédie en un acte.
LA LANTERNE DE DIOGÈNE, monologue en 1 acte.
LESTOCQ, opéra comique en 3 actes, par Scribe.
LA LECTRICE, comédie-vaudeville en 2 actes.
LÉON, drame en 5 actes.
LOUISE BERNARD, drame en 5 actes, par Alex. Dumas.
LE LAIRD DE DUMBIKI, par Alex. Dumas.
LUCIO, drame en 5 actes.
LONGUE-ÉPÉE LE NORMAND, drame en 5 actes.
LORENZINO, drame, par Alex. Dumas.
LA LESCOMBAT, drame en 5 actes.
MARINO FALIERO, tragédie en 5 actes, par Casimir Delavigne.
LE MARI DE LA VEUVE, comédie en un acte, par Alex. Dumas.
MARIE, comédie en 5 actes, par Mme Ancelot.
LE MANOIR DE MONTLOUVIERS, drame en 5 actes.
MARGUERITE D'YORK, drame en 5 actes.
LE MARCHÉ DE SAINT-PIERRE, *idem.*
LA MAIN DROITE ET LA MAIN GAUCHE, *idem.*
LE MARCHAND D'HABITS, *idem.*
MADELEINE, *idem.*
MADEMOISELLE DE LA FAILLE, *idem.*
MARGUERITE DE QUÉLUS, *idem.*
MARGUERITE FORTIER, *idem.*
MARGUERITE, vaudeville en 3 actes, par Mme Ancelot.
MATHIAS L'INVALIDE, comédie-vaudeville en 2 actes.
MADAME ET MONSIEUR PINCHON, vaudeville en 1 acte.
MADEMOISELLE D'ANGEVILLE, *idem.*
MARCEL, drame en 5 actes.
LA MAITRESSE DE LANGUES, vaudeville en 1 acte.
LA MARQUISE DE SENNETERRE, comédie en 3 actes.
MATHILDE ou la Jalousie, comédie-vaudeville en 2 actes.
MONSIEUR ET MADAME GALOCHARD, vaudeville en 1 acte.
MORIN, drame en 5 actes.
LES MILLE ET UNE NUITS, féerie en 3 actes et 16 tableaux.
LE MOINE, drame en 5 actes.
MURAT, drame en 5 actes et 16 tableaux.
LE MARI DE LA DAME DE CHOEURS, vaudeville en 2 actes.
LA MARQUISE DE PRÉTINTAILLE, vaudeville en 1 acte.
NAPOLÉON BONAPARTE, drame en 6 actes, par Alex. Dumas.
LE NAUFRAGE DE LA MÉDUSE, drame en 5 actes.
NOTRE-DAME DES ABIMES, drame en 5 actes.
LA NONNE SANGLANTE, *idem.*
L'OFFICIER BLEU, drame en 5 actes.
LES ORPHELINS D'ANVERS, *idem.*
L'OUVRIER, drame en 5 actes, par Fréd. Soulié.
PAUL JONES, drame en 5 actes, par Alex. Dumas.
PAUL ET VIRGINIE, drame en 5 actes.
PARIS LA NUIT, *idem.*
PAMÉLA GIRAUD, drame en 5 actes, par Balzac.
LE PAYSAN DES ALPES, drame en 5 actes.
PARIS ET LA BANLIEUE, drame en 5 actes.
PAUVRE MÈRE, *idem.*
PAUVRE FILLE, *idem.*
PARIS LE BOHÉMIEN, *idem.*
PASCAL ET CHAMBORD, com.-vaud. en 2 actes.
LA PLAINE DE GRENELLE, drame en 5 actes.
LA PENSIONNAIRE MARIÉE, vaudeville en 2 actes, par Scribe.
PRÊTEZ-MOI CINQ FRANCS, drame en 5 actes.
LE PERRUQUIER DE L'EMPEREUR, dame en 5 act.
PIERRE LEROUGE, com.-vaud. en 2 actes.
LES PILULES DU DIABLE, féerie en 18 tableaux.
LES PETITES MISÈRES DE LA VIE HUMAINE, vaudeville en 1 acte.
LE PLASTRON, comédie-vaudeville en 2 actes.
LE PRINCE EUGÈNE ET L'IMPÉRATRICE JOSÉPHINE, drame en 10 tableaux.
LES PRUSSIENS EN LORRAINE, drame en 5 act.

LE PROSCRIT, drame en 5 a., par Fréd. Soulié.
LE PROCÈS DU MARÉCHAL NEY, drame en 5 act.
LA PLAINE DE GRENELLE, *idem*.
QUI SE RESSEMBLE SE GÊNE, vaudev. en 1 acte.
QUAND L'AMOUR S'EN VA, vaudev. en 1 acte.
RENAUDIN DE CAEN, comédie en 2 actes.
RICHE ET PAUVRE, drame en 5 actes, par Émile Souvestre.
RITA L'ESPAGNOLE, drame en 5 actes.
LES RUINES DE VAUDEMONT, *idem*.
LE ROI D'YVETOT, opéra-comique en 3 actes.
ROMÉO ET JULIETTE, par Frédéric Soulié.
SANS NOM, folie-vaudeville en 1 acte.
LA SALPÊTRIÈRE, drame en 5 actes.
LES SEPT CHATEAUX DU DIABLE, féerie en 5 act.
LA SOEUR DU MULETIER, drame en 5 actes, par Bouchardy.
LES SEPT ENFANTS DE LARA, drame en 5 actes.
STELLA, ou la Forteresse du Mont des Géants, drame en 5 actes.
LA SONNETTE DE NUIT, folie-vaudev. en 1 acte.
LA TACHE DE SANG, drame en 3 actes.
LA TRAITE DES NOIRS, drame en 5 actes.
LE TREMBLEMENT DE TERRE DE LA MARTINIQUE, drame en 5 actes.
LA TIRELIRE, vaudeville en 1 acte.
LA TOUR DE FERRARE, drame en 5 actes.
THOMAS MAUREVERT, *idem*.
UN BAL DU GRAND MONDE, vaud. en 1 acte.
UN BAS-BLEU, folie en 1 acte.
UN CHANGEMENT DE MAIN, comédie en 2 actes.
UN MARIAGE SOUS LOUIS XV, comédie en 5 actes, par Alex. Dumas.
UNE PASSION, vaudeville en 1 acte.
UNE VISION DU TASSE, monologue en 1 acte et en vers.
VAUTRIN, drame en 5 actes, par Balzac.
LA VÉNITIENNE, drame en 5 actes.
LA VOISIN, drame en 5 actes.
LA VIE DE NAPOLÉON, récit en 1 acte.

CHEFS-D'OEUVRE DU THÉATRE FRANÇAIS, A 25 CENTIMES.

ATHALIE, tragédie en 5 actes.
ANDROMAQUE, tragédie en 5 actes.
L'AVARE, comédie en 5 actes.
LE BARBIER DE SÉVILLE, comédie en 4 actes.
BRITANNICUS, tragédie en 5 actes.
CINNA, tragédie en 5 actes.
LE CID, tragédie en 5 actes.
LE DÉPIT AMOUREUX, comédie en 2 actes.
L'ÉCOLE DES FEMMES, comédie en 5 actes.
LES FOLIES AMOUREUSES, comédie en 3 actes.
HAMLET, tragédie en 5 actes.
LES HORACES, tragédie en 5 actes.
IPHIGÉNIE EN AULIDE, tragédie en 5 actes.
LE MARIAGE DE FIGARO, comédie en 5 actes.
MAHOMET, tragédie en 5 actes.
LA MORT DE CÉSAR, tragédie en 5 actes.
LE MISANTHROPE, comédie en 5 actes.
LA MÈRE COUPABLE, comédie en 3 actes.
MÉROPE, tragédie en 5 actes.
LA MÉTROMANIE, comédie en 5 actes.
LE MALADE IMAGINAIRE, comédie en 3 actes.
OTHELLO, tragédie en 5 actes.
PHÈDRE, tragédie en 5 actes.
POLYEUCTE, tragédie en 5 actes.
LE TARTUFE, comédie en 5 actes.
ZAÏRE, tragédie en 5 actes.

Pièces nouvelles.

A 50 CENTIMES.

LE CHEVALIER D'HARMENTAL, drame en 5 actes.
LA GUERRE DES FEMMES, drame en 5 actes.
LE CONNÉTABLE DE BOURBON, drame en 5 actes.
LE COMTE HERMANN, drame en 5 actes.
LE MOULIN DES TILLEULS, op.-com. en 1 acte.

A 25 CENTIMES.

LE CONGRÈS DE LA PAIX, vaudeville en 1 acte.
LE TREMBLEUR, comédie-vaudeville en 2 actes.
LA MORT DE GILBERT, monologue en vers.
UNE MAUVAISE NUIT EST BIENTOT PASSÉE, comédie-vaudeville.
UNE BONNE FILLE, comédie-vaudeville en 1 acte.
LA PASSION DE M. LE CURÉ, vaudev. en 1 acte.
LA CHUTE DES FEUILLES, proverbe en 1 acte.

PARIS. — Imprimerie Dondey-Dupré, rue Saint-Louis, 46, au Marais.

www.ingramcontent.com/pod-product-compliance
Lightning Source LLC
LaVergne TN
LVHW021527140926
848035LV00047B/1232
9782013072533